egoth
ratgeber

1. Auflage

egoth – egon theiner verlag
1070 wien . kaiserstraße 14/7
www.egoth.at

ISBN: 3-902480-13-0

Gestaltung und Typographie
ABRAHAM.SCHEUER.GRIESSNER
Agentur für Dialog. Salzburg

Fotos
Privatarchiv Wolfgang Fasching,
Johannes Kernmayer

Druck
Colordruck Helminger & Co Ges.m.b.H., Salzburg

Gesamtherstellung
egoth – egon theiner verlag

Wolfgang Fasching

Erfolgsfaktor Kopf

Mentale Strategien
auf dem Weg zu Ihren Zielen

egon theiner verlag

Achte auf Deine Gefühle,
Denn sie werden Deine Gedanken.

Achte auf Deine Gedanken,
Denn sie werden zu Deinen Worten.

Achte auf Deine Worte,
Denn sie werden zu Deinen Taten.

Achte auf Deine Taten,
Denn sie werden zu Deinen Gewohnheiten.

Achte auf Deine Gewohnheiten,
Denn sie bilden Deinen Charakter.

Achte auf Deinen Charakter,
Denn er bestimmt Dein Leben.

(Talmud)

Inhalt

Inhalt

Inhalt

Vorwort

Immer wieder werde ich gefragt, welche die Säulen des Erfolgs in meinem Leben sind. Und immer wieder gebe ich zur Antwort:

Klare, realistische Ziele verfolgen,
konsequent und hart arbeiten,
eine positive Lebenseinstellung besitzen.

Es sind nur drei Zeilen, und doch steckt in diesen zwölf Wörtern soviel an Substanz, dass es nicht nur für dieses Buch, sondern für ein ganzes Leben reicht. Jeder von uns braucht Ziele. Jeder von uns soll diese verfolgen, mit aller Macht und ganzem Willen. Jeder von uns muss lebens- und arbeitsbejahend sein.

Ich bin Extrem-Radsportler, und ich bin stolz auf das, was ich erreicht habe. Die Duden-Definition des Wortes „extrem" gefällt mir allerdings nicht besonders. „Äußerst übertrieben und radikal", steht da, und augenzwinkernd möchte ich antworten: Da haben die Damen und Herren in der Dudenredaktion äußerst übertrieben und zwar radikal übertrieben!

Für mich ist es völlig normal, ein Race Across America (RAAM) zu fahren. Für mich ist es völlig normal, tagelang durch die Provence oder durch die Alpen und Pyrenäen zu fahren. Ich denke nicht weiter darüber nach, weil es eben selbstverständlich ist. Dafür sind Berufe und Aktivitäten anderer für mich „extrem". Ich käme nicht auf die Idee, als Feuerwehrmann in brennende Häuser zu stürmen, oder acht Stunden am Tag ohne jegliche Möglichkeit körperlicher Betätigung hinter einem Schreibtisch zu sitzen.

Auch nach meinem dritten Erfolg beim RAAM finde ich die Arbeit, der ich nachgehe, völlig normal. Doch ich habe auch begonnen, nach den Ursachen meiner Stärken zu forschen, – ausgehend von einer allgemein gültigen Aussage: Erfolge passieren im Kopf. Immer wieder hören wir ja, dass sich 70 Prozent von Erfolg oder Misserfolg im Kopf abspielen, dass ein verschossener Elfmeter „Kopfsache" sei, oder dass der eine oder andere mit „dem Kopf nicht ganz da" sei. Und wir selbst sind von diesem Aufmerksamkeitsdefizit oder diesem Mangel an Konzentration (auf welche Sache auch immer) selbstverständlich nicht ausgenommen. Der Kopf, das Gehirn beeinflusst den Körper und steuert unser Leben, unser Denken, unsere Gewohnheiten. Und immer noch sind wir nicht in der Lage, uns einen größeren Teil des Gehirns zunutze zu machen.

Und somit geht es in diesem Buch nur um eines: um den Kopf, um unsere Gedanken, um brachliegende Möglichkeiten im mentalen Bereich. Wir alle wollen stärker werden, um unsere Ziele zu erreichen, um ein glücklicheres, gesünderes, erfolgreicheres Leben führen zu können.

Dieses Buch soll Ihnen helfen, sich selbst besser zu erkennen und zu realisieren, was Kopfsache ist und wie Sie diese für sich selbst nutzen können. Praktische Übungen leiten zur Mitarbeit an. Immer wieder werden Sie den Satz lesen: „Schließen Sie Ihre Augen!" Deuten Sie es dahingehend, dass Sie in diesen Phasen besonders konzentriert und fokussiert auf die gestellte(n) Frage(n) sein sollen. Mit geschlossenen Augen werden Sie nicht durch äußere Einflüsse abgelenkt. Sie sehen nicht den Wandschrank, der abgestaubt gehört oder den Rasen, der gemäht gehört. Schließen Sie die Augen, konzentrieren Sie sich auf Ihre inneren Bilder. Körper und Geist werden es Ihnen danken!

Viel Spaß bei der Lektüre und auf dem Weg
zu Ihren Zielen!

Wolfgang Fasching

1

Ziel

Das Race Across America, der Mt. Everest und ich

Es ist beileibe nicht der Fall, dass ich als Sporttreibender von Anfang an das Race Across America (RAAM) im Blickwinkel hatte. Eher war es eigentlich erstaunlich, dass ich überhaupt zum Sport fand. Weder meine Eltern noch jemand aus meiner Verwandtschaft waren oder sind regelmäßig körperlich aktiv. Dass ich Sportler werden wollte, war allein meine Entscheidung.

Ich begann als 18-Jähriger mit dem Radsport, erkannte recht schnell, dass ich Potenzial hatte und arbeite mich als Amateur-Radrennfahrer vor. Ich erkannte auch, dass ich eher bei schwierigen und widrigen Etappen als unter so genannten regulären Bedingungen meine besten Leistungen erzielte, darüber hinaus fiel mir auf, dass mir die längeren Distanzen entgegen kamen. Je länger, umso besser! Mit meinen Körpermaßen – 1,82 m groß, 74 kg schwer – mit überaus niedrigem Ruhepuls war ich prädestiniert für einen Ausdauersport, Laufen, Langlaufen oder eben Radfahren. Ich wusste es damals schon und ich weiß es heute immer noch: in Schnellkraft- und Kraftausdauersportarten hätte ich es national zu einem ansehnlichen Niveau bringen können, international wäre ich aber eine Randerscheinung geblieben.

Dass es dann das Race Across America wurde, habe ich Franz Spilauer zu verdanken, der 1988 diese Konkurrenz bestritten hat, und der auch mein heimliches Vorbild wurde. Und ich habe es dem Mythos dieses Rennens zu verdanken, dass ich in den Bann des RAAM gezogen wurde. Was dort abgeht, ist nicht vorstellbar. Es ist ein Nonstop-Rennen über 5000 Kilometer, vom Pazifik zum Atlantik. Zu bewältigen sind rund 30.000 Höhenmeter. Die Temperaturen bewegen sich zwischen angenehmen 25 Grad Celsius am Start in Kalifornien, verdoppeln sich in der Wüste des US-Bundesstaates Nevada, fallen in die Nähe des Gefrierpunktes in den Rocky Mountains. Der Körper verbraucht am Tag 18.000 Kalorien. Dies entspricht ca. 18 kg gekochter Spaghetti! Der Körper benötigt 20 bis 25 Liter Flüssigkeit – pro Tag. Das Reglement ist hart, der Crew ist fast nichts erlaubt, jede kleinste Missachtung oder Übertretung – wie sich aus dem Auto beugen, das Fahrzeug nicht regelkonform hinter der Linie des Pannenstreifens abstellen, länger als eine Minute (und nicht mehr als vier Minuten in der Stunde) auf gleicher Höhe mit dem Radsportler fahren – wird mit Zeitstrafen geahndet. Mit einem Mitkonkurrenten darf man sich maximal 15 Minuten (pro Tag) unterhalten, und selbstverständlich ist Windschattenfahren strengstens verboten. Es ist ein Rennen, in dem Körper und Geist gleichermaßen beansprucht werden. Der wichtigste Punkt ist jenes Wort, das einige Zeilen weiter oben in diesem Absatz steht: nonstop. Nach acht, neun Tagen ist Schlafentzug angesagt, denn je weniger geschlafen wird, umso rascher kommt man voran. Das Schlafpensum bei meiner Siegesfahrt 2000, die acht Tage und zehn Stunden dauerte, war beeindruckend gering: sechs Stunden, 14 Minuten.

Das Race Across America wurde mein Ziel und rückblickend auch mein Schicksal. Ich begann mich mit dieser Konkurrenz auseinander zu setzen, las Fachliteratur, sprach mit Experten und Sportlern, immer mit dem einen, großen Ziel vor Augen: beim RAAM anzutreten und es zu Ende zu fahren, trotz aller zu erwartenden Problematiken und Schwierigkeiten. Ein Anfänger hat es immer schwer – warum sollte mir als „Rookie" in den USA etwas leicht gemacht werden?

Der entscheidende Punkt war, dass ich ein klar definiertes Ziel hatte. Und dieses hieß nicht, beim RAAM an den Start zu gehen, oder dort ein bisschen mitzufahren und dann auszusteigen. Das Unterfangen war, Nordamerika auf dem Rad zu durchqueren und das Ziel zu erreichen. Das war meine Mission. Ich erfüllte sie. 1996 erreichte ich bei meiner ersten Teilnahme den dritten Rang. Doch davon später.

Einige Jahre später hatte ich die Vision, den Mount Everest zu besteigen. Zu diesem Zeitpunkt hatte ich das Race Across America schon zwei Mal gewonnen und wollte mich einer anderen Herausforderung stellen. Wieder bereitete ich mich minutiös auf diese Aufgabe vor, trainierte Körper und Geist, immer mit einem Ziel vor Augen: den höchsten Berg der Welt zu bezwingen und heil nach Hause zurückzukehren.

Damit ich meine Ziele erreichen konnte, war es notwendig, dass ich Mosaiksteinchen zusammentrug und -setzte. Es begann bei der Idee, bei der Risikobereitschaft, bei der Visualisierung des Ziels. Es wurde fortgeführt durch Training und Finanzierung, durch Konsequenz, Ausdauer, Konzentration und Stärke. Ausrüstung und Logistik mussten organisiert, Kritik musste überstanden werden.

Ich bin mir sehr wohl bewusst, dass Ziele im Sport leichter definierbar sind. Somit wird auch deren Realisierung leichter überprüfbar. Sekunden, Meter und Platzierungen zeigen an, ob man den eigenen Erwartungen gerecht geworden ist. Im Berufsleben ist es schon schwieriger, in der Partnerschaft sehr schwierig messbar zu machen, ob man nun ein Ziel erreicht hat oder nicht. Trotzdem: Ziele müssen überprüfbar und kontrollierbar sein!

Ziele sind höchst selten linear zu erreichen. Ich erlebte dies am eigenen Leib, als ich im Jänner 2000 in Südamerika den Aconcagua besteigen wollte, als Vorbereitung auf die Mt. Everest-Expedition ein Jahr später. Mit seinen fast 7.000 Metern ist der Aconcagua der höchste Berg außerhalb Asiens, doch schon vor dem Abflug kränkelte ich: Fieber und Schnupfen. In der Höhe, prognostizierten mir meine Ärzte, würde ich noch größere Probleme bekommen. Ich vernahm deren Worte, ließ mich aber von meinem Vorhaben nicht abbringen. In Santiago de Chile legte ich ein paar Ruhetage ein, begab mich dann auf 4.300 m Seehöhe – und bekam prompt ein Lungenödem. Dabei tritt Flüssigkeit aus den Kapillargefäßen in die Lunge aus. Diese Krankheit kann in der Höhe auftreten: Kurzatmigkeit, Fieber, hoher Pulsschlag – bei mir 120 statt 35 Schläge im Ruhezustand – sind die Folge. In der Höhe kann die Krankheit lebensbedrohend sein.

Nach zehn Tagen Aufenthalt in Südamerika musste ich nach Hause fliegen, wo ich nochmals auf den Boden der Tatsachen zurückgeholt wurde: eine lange Pause folgte, dann Ergometertraining bei mäßiger Belastung. Schon bei geringen Wattleistungen stieß ich an meine körperlichen Grenzen. Bis Ende März kränkelte ich herum, die Vorbereitung auf das RAAM verlief alles andere als ideal. Statt 20.000 Trainingskilometern hatte ich nur die Hälfte in den Beinen.

Das Race Across America 2000 gewann ich mit dem Rekordvorsprung von 23 Stunden. Ich hatte zuerst nicht auf die Signale meines Körpers gehört, gab ihm dann zurück, was ich mir von ihm genommen hatte. Und weil weniger oft mehr ist, wurde ich letztlich belohnt.

→ **Setzen Sie sich Ziele**, Ziele, und nochmals Ziele!

Es gibt Dutzende Zitate und Sprichwörter, die sich um das erfüllte Leben ranken, in denen das Ziel thematisiert wird. Wir allen kennen den Satz, nach dem der Weg das Ziel ist (Konfuzius), und das Sprichwort „Alles mit Maß und Ziel". Doch Konfuzius sagte auch: „Wer das Ziel kennt, kann entscheiden. Wer entscheidet, findet Ruhe. Wer Ruhe findet, ist sicher. Wer sicher ist, kann überlegen. Wer überlegt, kann verbessern." Von Abraham Lincoln stammt der Ausspruch: „Wer im Leben kein Ziel hat, verläuft sich." Albert Einstein sagte: „Wenn Du ein glückliches Leben willst, verbinde es mit einem Ziel." Johann Wolfgang von Goethe philosophierte: „Sobald der Geist auf ein Ziel gerichtet ist, kommt ihm vieles entgegen." Und Herbert von Karajan bringt einen weiteren Ansatz: „Wer alle seine Ziele erreicht, hat sie sich als zu niedrig ausgewählt." Man kann dies auch anders formulieren und meinen, dass man immer auf dem Weg ist: nach einem erreichten Ziel hat man ja schon ein weiteres ins Auge gefasst – ansonsten kommt, im Sport oder im Berufsleben, die große Leere. Klar ist aber auch, dass Ziele erreichbar sein müssen.

Sie alle kennen einen geordneten Tagesablauf, im Beruf wie im Urlaub. Sie werden mit Situationen und Aufgaben konfrontiert, die es zu lösen gilt. Sie müssen Prioritäten oder Hierarchien beachten, Sie müssen sich immer wieder die Frage stellen, was das Ziel des heutigen Tages, der laufenden Woche ist. Zumeist beginnt man schon gedanklich beim Frühstück, den Tag zu planen, und dies ist nicht die schlechteste Form, Ziele greifbar zu machen. Klarerweise ist dann am Abend zu überprüfen, welche Aufgaben erledigt wurden und welche auf den nächsten Tag verschoben werden mussten.

Es sind dies kurzfristige Ziele, Dinge, die in den nächsten paar Tagen oder Wochen realisiert werden sollen. Sie sind beispielsweise Projektmanager und haben ein Seminar vorzubereiten. Sie helfen bei der Kinderbetreuung in Ihrer Verwandtschaft aus. Sie arbeiten gemeinsam mit einem Freund an einem Oldtimer und wollen ihn demnächst wieder flott bekommen.

Ziele können auch mittelfristig sein, sich über mehrere Monate oder über ein Jahr erstrecken. Zwar denken Sie nicht täglich an diese, sie sind aber regelmäßig präsent, sei es durch Verweise auf Ihrem Schreibtisch bzw. in digitaler Form im Computer, sei es durch Erinnerungen von Personen, die Ihnen beruflich und privat nahe stehen.

Wenn Sie Personalchef eines Unternehmens sind, dann werden Sie immer wieder darangehen, neue Mitarbeiter zu finden und diese zu schulen (oder schulen zu lassen), wenn Sie Sportler sind, haben Sie ihren Jahresplan mit den Saisonhöhepunkten und das Ziel, diese oder jene Rennen zu gewinnen. Wenn Sie in einer angenehmen Beziehung leben, planen Sie Urlaube, die noch Monate entfernt sind: Sie setzen sich eine schöne Zeit zum Ziel.

Nun werden Sie sicherlich von Ihren Gedanken zuweilen in die Ferne getragen, und Sie stellen sich die Frage, wo Sie in zehn bzw. 15 Jahren sein werden, wie Ihr Leben dann aussehen wird. Sind Sie Weltmeister geworden? Haben Sie Ihr eigenes Unternehmen aufgebaut? Haben Sie ein Haus gebaut, einen Baum gepflanzt, ein Kind gezeugt? Haben Sie die Partnerin oder den Partner Ihres Lebens gefunden? Stellen Sie sich diese Fragen! Konfrontieren Sie sich kritisch mit Ihrer Zukunft! Definieren Sie Ziele, warten Sie nicht, bis diese Ziele auf Sie zukommen!

Dies sind langfristige Perspektiven. Denken Sie an diese und sorgen Sie dafür, dass Ihr ganzes Ich bereit ist, alles dafür zu tun, um sie zu erreichen.

Niemand hat Ziele erreicht, nur weil sie einfach einmal formuliert wurden: „Werde ich eben Weltmeister", funktioniert nicht. Niemand hat Ziele erreicht, weil sie von anderen einmal formuliert wurden. „Sie müssen unbedingt den Umsatz verdoppeln", funktioniert ebenso nicht.

Deswegen liegt es allein bei Ihnen, sich kurz-, mittel- und langfristige Ziele zu setzen. All Ihre Beweggründe müssen auf einer Linie liegen, einige kurz- und mittelfristige Ziele werden vorgegeben von langfristigen Perspektiven. Es liegt bei Ihnen, den Weg, die Geschwindigkeit, die Strategie zum Resultat hin zu bestimmen. Tun Sie sich selbst und Ihrer Umwelt eine Gefälligkeit: eliminieren Sie das Unrealistische! Wenn Sie das Race Across America bestreiten wollen, glauben Sie nicht, dass Sie auch die Tour de France gewinnen können. Ein Fasching ist kein Armstrong. Wenn Sie ein Firmenchef mit 17 Mitarbeitern sind, nehmen Sie sich nicht Red-Bull-Gründer Dietrich Mateschitz in der operativen Tätigkeit als Beispiel. Spielen Sie in jener Liga, in der Sie sich aufhalten! Sie wissen ja: Erfolg (Misserfolg) mag leicht messbar sein, ist aber relativ.

Wenn Sie Ihre Ziele schon mit jenen anderer vergleichen wollen, dann zumindest mit jenen, die sich auf gleicher Ebene befinden. Doch das Wichtigste: Achten Sie auf sich selbst und nicht auf andere. Investieren Sie Ihre Kraft in eigene Ziele und nicht in die Beobachtung der Ziele anderer! (Nach dem Motto: Wenn die anderen das machen, muss es wohl gut sein.) Lassen Sie sich nicht von anderen Ihre Ziele wieder ausreden. Dass ein Sportler quer durch Amerika radelt, mag für andere abnormal sein, für den Betroffenen selbst aber völlig normal. (Wir sind doch alle Spinner, heißt es. Sind wir es wirklich?)

→ **Ziele müssen Ihre eigenen Ziele sein**, von Ihnen selbst gefunden, nicht erfunden! Sie müssen sich mit Ihren Zielen identifizieren, sie müssen Ihr Wille sein!

Dann werden Sie fest an Ihr Ziel glauben.
Dann werden Sie es nie aus dem Auge verlieren.
Dann werden Sie fast täglich daran denken.

Beachten Sie, dass Ihre Ziele möglichst genau festgelegt sein müssen. Begnügen Sie sich nicht mit der Aussagen: „Ich will reich werden!" Legen Sie viel eher einen Betrag fest, den Sie im ersten Monat, im ersten Jahr, in den ersten fünf Jahren verdienen wollen! Überlegen Sie sich genau, was Sie alles bereit sind, für diese Summe zu tun! Setzen Sie sich zeitliche Limits – im gegenteiligen Fall bleibt ein Ziel eben ein Ziel, das Sie ein anderes Mal realisieren. Wenn Sie abnehmen wollen, nehmen Sie sich ganz genau vor, wie viele Kilogramm Sie in welcher Zeit verlieren wollen! Überprüfen Sie Ihre Fortschritte genau und geben Sie sich nicht mit der ungefähren Realisierung Ihres Ziels oder Teilziels (58,8 kg statt 58 kg) zufrieden! Seien Sie beharrlich, dann erreichen Sie auch die gewünschten Resultate!

Wer sich Ziele steckt, hat den ersten, wichtigsten Schritt gemacht. Der nächste Schritt ist, Etappenziele zu formulieren, anhand derer Ihre finalen Ziele auch kontrolliert werden. Setzen Sie sich Zwischen- und Endtermine. Formulieren Sie für sich, bis wann Sie diesen oder jenen Umsatzgewinn, diese oder jene Aufgabe, diese oder jene Leistungssteigerung erbracht haben wollen. Denken Sie daran sich langsam, aber stetig zu steigern. Geht es zu schnell nach oben, gerät man in einen Höhenrausch oder gar in Sauerstoffmangel – der Absturz ist gewiss. Nehmen Sie die Herausforderung an, lassen Sie sich aber nicht überfordern! Sollte eine Überforderung eintreten, schalten Sie bewusst einen Gang zurück! Gehen Sie langsamer, aber kommen Sie an! Wie überall im Leben geht es auch in diesem Bereich darum, die „goldene Mitte" zu finden. 100-m-Sprinter, die mit aller Macht und übertrieben engagiert schnell sein wollen, sind langsamer als jene, die die Kurzstrecke körperlich lockerer in Angriff nehmen.

Im Wesen der Ziele liegt, dass sie in der einen oder anderen Form messbar sein müssen. Je konkreter das Ziel, umso genauer formulier- und überprüfbar ist es. Zur Diät gehört die Waage. Zur sportlichen Leistungssteigerung werden die Stoppuhr oder das Meterband gebraucht. Und wirtschaftliche Aufschwünge sind ohne Bilanzen, Umsatz- und Gewinnzahlen, Börsenkurse nicht nachvollziehbar. Sicher, es gibt auch Ziele in Bereichen, die nicht Daten und Fakten unterliegen. Doch auch diese sind überprüfbar. Wenn Sie ein intaktes Privatleben anstreben, dann müssen Sie sich emotional besser fühlen: Ziele werden spürbar.

Wenn Sie ein Ziel gefunden haben, wenn Sie überzeugt sind, dass es lohnend ist und Sie es unbedingt erreichen wollen, dann planen und denken Sie nicht allzu lange herum. Setzen Sie sofort den ersten Schritt. Sie wollen mit dem Rauchen aufhören? Sagen Sie nicht, dass Sie dieses begonnene Päckchen noch fertig rauchen und Ihre Sucht dann aufgeben! Sie wollen abnehmen, aber erst ab Beginn des neuen Monats? Falsch: starten Sie sofort! Sie wollen neue Akzente im Beruf oder in Ihrer Beziehung setzen? Beginnen Sie sofort damit – auch wenn der erste Schritt vielleicht nur ein kleiner ist!

Bereiten Sie sich sofort auf Ihr großes Ziel vor. Sie müssen wissen, welche Antworten Sie geben auf die Fragen, die Ihnen nach dem Warum gestellt werden. Machen Sie sich nicht angreifbar. Verkaufsgespräche, Verhandlungsrunden müssen strategisch geplant und vorbereitet werden. Wenn Sie zu den Besten gehören wollen, müssen Sie die besten Produkte haben und müssen mit den Besten anderer Unternehmen/Sparten/Abteilungen verhandeln.

Wollen Sie abnehmen, dann denken Sie daran, wie vital, jung, aktiv und sexy Sie nach einer Schlankheitskur aussehen und wie Sie sich wohl fühlen werden – denken Sie nicht an das, was Sie auf dem Weg zu Ihren Traummaßen erwartet. Aufgrund der Diät, knurrt der Magen. Eintönigkeit und Lustlosigkeit machen sich breit. Frust, Entbehrung und Schweiß könnten zu Argumenten werden, die Sie auf dem Weg zu Ihrem Ziel scheitern lassen. Denken Sie daran, dass das Ziel das Ziel ist! (Rückschläge gehören zu jedem

Höhenflug dazu. Doch Sie wissen ja: wenn man stürzt, kann man liegen bleiben oder wieder aufstehen. Sieger stehen immer wieder auf, so oft sie auch fallen.)

Der Hintergrund ist ebenso banal wie einleuchtend. Wenn Sie ein Ziel haben, und Sie begeben sich sofort auf den Weg dorthin, wächst Ihre persönliche Identifikation mit Ihrem Ziel. Wenn Sie hingegen ein Ziel haben, das sich nicht auszahlt, sofort angesteuert zu werden, kann es Ihnen so wichtig nicht sein. Haben Sie sich schon einmal überlegt, warum so viele Neujahrsvorsätze bereits am 3. Jänner scheitern? Einfach: weil die persönliche Identifikation mit dem Ziel und die damit verbundene Ernsthaftigkeit nur bis zu einem sehr geringen Maß gegeben ist! (Bleibt die Frage, ob „Silvesterziele" eine vernachlässigbare Mode-Erscheinung sind.)

Oft heißt es: Augen zu und durch!
Doch besser ist es wohl, die Realität
ganz klar im Blickfeld zu haben:
→ **Augen auf und durch!**

Halten Sie sich immer ganz klar vor Augen:

Ziele müssen realistisch und genau festgelegt sein!

Sie müssen an Ihre Ziele glauben!

Ziele müssen von Ihnen formuliert sein,
müssen Ihre eigenen sein!

Um Ziele zu erreichen, wird es immer
Höhen und Tiefen geben!

Ziele müssen kontrolliert werden!

Sie müssen beharrlich und dauerhaft
Ihre Ziele verfolgen!

Übung 1

Nichts ist größer als die Angst des Schreibenden vor einem leeren Blatt Papier, das mit Inhalt gefüllt werden muss, heißt es. Fürchten Sie sich nicht, Ihre Ziele zu formulieren und niederzuschreiben. Lassen Sie sich Zeit, denken Sie gründlich darüber nach.

→ Private Ziele

Kurzfristig	Mittelfristig	Langfristig

→ Berufliche Ziele

Kurzfristig	Mittelfristig	Langfristig

Übung 2

Gemacht? Sehr gut! Nun beantworten Sie sich selbst folgende Fragen und tragen die Antworten zumindest stichwortartig hier ein.

→ Warum habe ich dieses Ziel gefunden? (Interesse, Glaube, Herausforderung?)

Ziel 1 ______________________________

____

Ziel 2 ______________________________

____

Ziel 3 ______________________________

____

Ziel 4 ______________________________

____

Ziel 5 ______________________________

____

→ Wie sieht meine Strategie zum Erreichen dieses Ziels aus? (Tagesablauf ändern, häuslicher werden, sich auf Jobsuche begeben?)

Ziel 1 ______________________________

____

Ziel 2 ______________________________

____

Ziel 3 ______________________________

____

Ziel 4 ______________________________

____

Ziel 5 ______________________________

____

→ Warum ist dieses Ziel nicht unrealistisch? (Schulische Vorbildung, körperliche Voraussetzungen?)

Ziel 1

Ziel 2

Ziel 3

Ziel 4

Ziel 5

→ Was passiert, wenn ich dieses Ziel erreicht habe? (Karrieresprung, Familie, gesünderes Leben?)

Ziel 1 __________

Ziel 2 __________

Ziel 3 __________

Ziel 4 __________

Ziel 5 __________

Übung 3

Lernen Sie Ihre Ziele zu leben!

Um die Verwirklichung eines Ziels gedanklich zu unterstützen, sollten Sie sich vorstellen, wie es sein wird, wenn Sie es erreicht haben.

→ Sie planen ein Haus? Leben Sie gedanklich bereits in diesem! Stellen Sie sich so detailliert wie nur möglich vor, wie es aussieht, welche Farben die Wände haben und wo der Esstisch stehen wird.

→ Sie möchten abnehmen? Stellen Sie sich vor, wie Sie aussehen werden, wie Sie sich bewegen werden, was sich an Ihrer Umgebung verändert haben wird, wenn Sie Ihr Traumgewicht erreicht haben!

Erst wenn Sie sich Ihre Ziele lebhaft und bildlich vorstellen können, sind Sie auch innerlich bereit, Ihre mentale und zur Verwirklichung der Ziele erforderliche Einstellung zu verändern!

Notizen

2

Glaube und Motivation

Das RAAM, meine Mutter und ich

Als ich meiner Mutter das erste Mal von meiner Idee erzählte, das Race Across America bestreiten zu wollen, war sie alles andere als begeistert. Mehr noch. Sie kam mit einer ganzen Reihe guter Argumente, um mir mein Vorhaben auszureden. „Bub", meinte sie, „Amerika ist ja so weit weg. Du kennst das Land und die Leute nicht, wer weiß, was dir dort alles passieren wird. Dazu kommt, dass du nicht gut Englisch sprichst, und Rad fahren, na ja, Rad fahren kannst du auch nicht überragend gut ..."

So what?

An jenem Abend schlief ich grübelnd ein. Meine Mutter hatte eigentlich Recht, sie hatte mich überzeugt, es nicht zu versuchen. Doch einige Tage später war das Ziel wieder da – weil es mein Ziel war.

→ **Ein auf Glauben basierendes immer wieder kehrendes Ziel ist ein wirkliches Ziel.** Ein Ziel, das andere reduzieren oder annullieren können, ist kein wirkliches Ziel.

Mein Ziel war, ein einziges Mal am RAAM teilzunehmen, am Start zu sein, die Ziellinie zu erreichen – eine Vision in Gedanken und Tun umzusetzen –, und dann zu sagen: danke, das war 's. „Das will ich, das kann ich, das passt", antwortete ich jenen, die mich fragten, warum ich es überhaupt machte. Und am Ende meiner ersten RAAM-Erfahrung dachte ich nur: nie mehr wieder.

Doch meine Geschichte bewies das Gegenteil. In der Zwischenzeit war ich bei sieben Race Across America dabei, an dieser Stelle ist das Jahr des Sieges 1997 relevant. Es war ein Erfolg über Mitstreiter und Selbstzweifel. Danny Chew aus den USA lag am Ende sechs Stunden und 40 Minuten hinter mir, und ich erkannte: der Glaube an sich selbst kann Unmögliches möglich machen.

Glaube und Motivation prägen mein Leben. Ich weiß, dass sie der Treibstoff sind, die mich in jene Richtung weiterbringen, in die ich will. Der Glaube an mich selbst und an meine Fähigkeiten ließen mich den Mt. Everest erklimmen, die Motivation, bei Langstreckenrennen anzutreten mit dem Vorhaben, diese zu gewinnen, gab mir die Kraft, für meine Ziele alles zu tun. Zuweilen macht es keinen Spaß, stunden- und tagelang auf dem Rad zu sitzen. Aber ich wusste und weiß immer, warum ich es tat und tue.

Andere haben es fast nicht fassen können, doch für mich war es 1998 fast eine Selbstverständlichkeit. Beim Race Across America war ich als Titelverteidiger so richtig schlecht gestartet. Probleme mit der Hitze, mit dem Magen, kurzum: ich lag in der Anfangsphase des Rennens an der letzten Stelle. Doch nach zwei Drittel der Distanz befand ich mich auf Rang zwei, lieferte mir mit dem Australier Garry Tatrai ein Rennen um Platz eins. 200 Kilometer vor dem Ziel brach ich mir bei einem Sturz das Schlüsselbein. Doch mein erster Gedanke war nicht negativ in der Art: ‚Mist, jetzt ist alles vorbei, warum musste mir das alles geschehen?', sondern einzig von der Motivation geprägt: ‚Wie komme ich jetzt ins Ziel?' Von Aufgeben war nie die Rede. Ich war angetreten, um das RAAM zu gewinnen, und wenn nicht zu gewinnen, so doch auf dem Podest zu beenden. Letztlich betrug mein Rückstand sechs Stunden und vier Minuten, und ich sagte bei einem Interview rückblickend auf meinen Unfall: „Das ist ein Teil des RAAM, das gehört dazu, so soll es auch sein." Mit dem Sturz war mein Rennen um den Sieg zu Ende. Doch ich überwand meine Probleme, fuhr langsamer, kam an. Viel später realisierte ich: Der Mensch, also auch ich, ist das Produkt seiner Gedanken!

Seit einiger Zeit arbeite ich an einem zweiten Standbein, betätige mich als Motivationstrainer bei Seminaren im Auftrag verschiedener Unternehmen und arbeite als Moderator eines Freizeitmagazins im Fernsehen. Meine Motivation ist, einerseits gemachte Erfahrungen weiterzugeben, andererseits mich auch weiter zu entwickeln und gleichzeitig in meinem Metier zu verbleiben.

→ **Motivation kommt von „motus" (lateinisch: Bewegung)** und kann mit jener Energie gleichgesetzt werden, die eine Person zur Verfügung hat, um bestimmte Ziele zu erreichen.

„Wenn du ein Schiff bauen willst, so trommle nicht Männer zusammen, um Holz zu beschaffen, Werkzeuge vorzubereiten, Aufgaben zu vergeben und die Arbeit einzuteilen, sondern lehre die Männer die Sehnsucht nach dem weiten endlosen Meer." Es ist dies eine der eindrucksvollsten Beschreibungen von Motivation, niedergeschrieben von Antoine de Saint-Exupéry in „Der Kleine Prinz".

Doch um sich selbst motivieren zu können, ist zuerst einmal Glaube notwendig: und zwar an sich selbst, an sein Ziel, an die uns umgebende Energie. Der Glaube an die eigene Leistungsfähigkeit ist in allen Bereichen des täglichen Lebens von enormer Bedeutung. Ohne festen Glauben an die eigenen Stärken beenden Sie kein Bewerbungsgespräch positiv. Glaube ist die Basis, auf der Motivation aufbauen kann. Niemanden kann man motivierten für eine Aufgabe, an die er nicht glaubt, von deren Sinnhaftigkeit er nicht überzeugt ist.

Wenn Sie wissen, was Sie wollen (Ziel), wenn Sie Pro und Kontras abgewogen haben und von Ihren Ideen und Möglichkeiten überzeugt sind (Glaube), dann sind Sie bereit, sich an die Umsetzung zu machen (Motivation). Zumeist decken sich die eigenen Ideen mit Defiziten: Streben nach geordneten Familienverhältnissen, nach Ruhm und Ehre, nach Macht und Geld. Letztlich ist Motivation nichts anderes als die Summe von Beweggründen, die Ihre Entscheidung oder Handlung beeinflusst.

→ **Die Basisfragen der Motivation sind**: Was will ich? Wann will ich es? Wie stark will ich es? Wie viel will ich?

Es gibt zwei verschiedene Arten der Motivation: intrinsische und extrinsische. Die wichtigere Motivation der beiden resultiert einzig und allein aus eigenem Interesse und ist somit innerer Antrieb die Sache betreffend (intrinsisch): Sie unternehmen Schritte, weil Sie es wollen, weil Sie sich entschieden haben, dieses Ziel zu verfolgen. Sie wollen ein Rennen bestreiten und wissen, dass es dazu eines sehr großen Trainingsaufwands bedarf: Sie werden sich motivieren, täglich eine Stunde früher aufzustehen, um laufen oder schwimmen oder Rad fahren gehen zu können. Sie wollen ein wichtiges Geschäft für Ihr Unternehmen abschließen, wissen aber, dass es auf der Kippe stehen kann. Sie werden Überstunden machen, zusätzliche Recherchen betreiben und top vorbereitet in das Meeting gehen.

→ **Wenn ich klar weiß, was ich will**, was ich zusammen mit meiner Mannschaft, meinen Mitarbeitern erreichen will, dann bin ich motiviert und bereit, Entbehrungen in Kauf zu nehmen.

Werden Sie von anderen Personen, äußeren Zwängen, ev. auch durch Androhung von Strafen motiviert (extrinsisch), dann ist dies auf alle Fälle leistungsfördernd, sofern sich die Aussagen anderer auf Bereiche beziehen, die Sie selbst für sich als verfolgenswert definiert haben. „Du hast jetzt wochenlang auf diesen Wettbewerb hingearbeitet. Es sieht alles sehr gut aus für dich, deine Leistungskurve zeigt nach oben. Es ist einfach toll, wie sehr du dich motivieren kannst. Und bald hast du es geschafft", ist ein Beispiel von Motivation, die von außen kommt.

Andere können indes nur dann motiviert werden, wenn Sie selbst eine große persönliche Ausstrahlung besitzen und vormachen, wie es gehen soll. Ihre Mitarbeiter werden nicht mit Herz bei der Sache sein, wenn Sie sich als Firmenchef oder Abteilungsleiter nicht auch quälen können. Wenn nicht auch Sie Überstunden machen, statt den Abend mit der Freundin oder beim Fußball zu verbringen, Economy fliegen, statt Business, Anwesenheit zeigen, statt Urlaubsgrüße senden. (Sie wissen ja: Wasser predigen, aber selbst Wein trinken!) Noch schlimmer ist, wenn Sie selbst nicht motiviert sind,– sondern jammern, meckern und negativen Gedanken nachhängen. (Jedes Unternehmen hat den Chef, den es sich verdient. Und auch die Mitarbeiter.) Ihr pubertierender Nachwuchs wird nicht motiviert sein, nicht zu rauchen, wenn Sie zwar auf die Schäden dieser Sucht hinweisen – aber selbst auch andauernd am Glimmstängel ziehen!

Mit gutem Beispiel vorangehen: ein alter Satz, der immer noch größte Durchschlagskraft besitzt. Andere zu motivieren ist keine graue Theorie, sondern gelebte Praxis. Die Aussage: „Ich kann mich nicht motivieren", darf es nicht geben.

Übung 1

→ Schließen Sie Ihre Augen und denken Sie einige Minuten lang an Ihre Tätigkeit in der Firma oder im Privatleben; dabei befassen Sie sich lediglich mit den positiven Seiten. Öffnen Sie Ihre Augen und schreiben Sie die fünf wichtigsten Gründe, weshalb Sie Ihre Tätigkeit lieben, nieder.

→ Gründe

	Beruflich	Privat
1		
2		
3		
4		
5		

→ Schließen Sie nunmehr wieder Ihre Augen und versuchen Sie, jeden dieser fünf (möglicherweise auch zehn) Bereiche zu verinnerlichen. Nehmen Sie einfach das positive Gefühl zu diesem Ihren Grund wahr. Stellen Sie sich vor, wie es ist, wenn Sie morgen wieder zur Arbeit gehen oder Ihren Lebenspartner wiedersehen.

Übung 2

Sie werden immer wieder in Situationen kommen, bei denen Ihre Motivation allein zu schwach scheint, um diese zu überstehen. Überlegen Sie sich ein „Zauberwort" und ein dazugehörendes Bild, das Sie bei schwierigen, festgefahrenen Verhandlungen oder bei anscheinend unlösbaren Aufgaben im Sport verwenden. Es ist ein Wort, das Ihre ganze Motivation mobilisiert, das Sie hundertprozentig an Ihr Ziel und an dessen Erreichbarkeit glauben lässt. Dieses Wort könnte beispielsweise lauten: HERZ oder JETZT oder ein Wort sein, mit dem Sie sich persönlich identifizieren können.

Übung 3

„Ich kann mich nicht motivieren."

Also doch. Es ist etwas faul an Ihren Zielen, an Ihrem Glauben, an Ihrer Motivation. Gehen Sie zurück an den Start: durchforsten Sie Ihre Ziele. Überdenken Sie, was Sie tatsächlich wollen! Schaffen Sie für sich selbst Klarheiten! Finden Sie Ihre Ziele nicht mehr ansprechend, ändern Sie sie! Haben Sie den Glauben in Ihre eigenen Mittel verloren, überlegen Sie, wie Sie ihn wiedererlangen können.

→ Seien Sie ehrlich zu sich und vervollständigen Sie diesen Satz:

→ Ich kann mich nicht motivieren, weil

1 ______________________________

2 ______________________________

3 ______________________________

4 ______________________________

5 ______________________________

Überprüfen Sie Ihre Aussagen. Welche Gründe sind unüberbrückbar? Welche sind unproblematisch? Welche sind auf Ihre Einstellung zurückzuführen? Welche unterliegen objektiven Kriterien?

Schließen Sie die Augen und lassen sie Ihre Probleme an Ihrem geistigen Auge vorüberziehen. Und nun stellen Sie sich ebenso bildlich vor, wie Sie es schaffen werden, sich wieder zu motivieren. Der Satz: „Ich kann mich nicht motivieren", muss immer sofort aufgelöst werden.

Notizen

3

Selbsterkenntnis

Als Extremradsportler, der bei 24-Stunden-Rennen antritt oder Mehrtagestouren bestreitet, durch Amerika, Australien, durch die Alpen oder wie 2005 erstmals nonstop durch Frankreich fährt, bin ich auf eine Mannschaft angewiesen, bin quasi in dieser Zeit ein Firmenchef. Da gibt es einen Mechaniker für die Probleme an der Rennmaschine, da gibt es einen Arzt für die Probleme am Körper. Ein Chauffeur, ein Masseur und ein Pressesprecher vervollständigen das Team. Sie alle werden dadurch motiviert, dass ich als Chef engagiert in die Pedale trete sowie das realisiere, weswegen wir alle angereist sind: Platz eins. So, wie sie mich motivieren, motiviere auch ich sie. Da plaudere ich dann via Funk mit dem Fahrer, frage nach, ob alles in Ordnung ist, ob es ihnen gut geht?

Um diese Vorbildfunktion eines Chefs wahrnehmen zu können, ist es unheimlich wichtig, dass zuallererst ich selbst den Dingen positiv gegenüberstehe und ein Optimist bin. Auch vor Veränderungen darf ich nicht zurückschrecken wenn ich glaube, dass ich dadurch die Leistungskapazität meines Umfeldes, also letztlich auch meine eigene, erhöhe.

Um optimistisch sein zu können, muss ich mich aber zuerst selbst kennen. Ich kann nicht für eine Weltumsegelung eine Crew zusammenstellen, um dann zuletzt zu erkennen, dass ich eigentlich sehr leicht und schnell seekrank werde. Ich muss mich auf das konzentrieren, was immer mehr große Unternehmen in einer globalen Welt auch machen: auf meine Kernkompetenzen, also hauptsächlich auf das Radfahren.

Ich bin ein Extremradsportler, kann meinen Körper am besten dann einsetzen, wenn die Rennen 20 Stunden oder länger dauern. Das war schon immer so. Früher, als ich gemeinsam mit Peter Luttenberger in der Steiermark trainierte, radelte ich immer eine oder zwei Stunden länger als er. Als ich Rennen bestritt, merkte ich bald, dass diese zu kurz für mich waren. Da fuhr ich eben mit dem Rad noch nach Hause. Der Sprint ist hingegen nicht mein Bereich. Sicher, ich könnte diesem im Training mehr Raum widmen.

Aber was würde geschehen? Ich würde mich sicher verbessern, aber sicher nicht das Niveau erreichen, das ich auf der Langstrecke habe. Gleichzeitig würde das anders geartete Training meine Ausdauerfähigkeit beeinflussen, ich würde also meine Stärke schwächen.

→ **Seien Sie stolz auf Ihre Stärken!**

Meistens ist es doch so, dass wir in unserem ganzen Leben auf unsere Schwächen verwiesen werden. Erinnern Sie sich an Ihre Schulzeit. War es nicht auch so, dass über schlechte Noten stundenlang gesprochen wurde, während die guten in einer Minute abgehandelt waren? „Ja, in Mathematik, da schaut es gar nicht gut aus, ... auch die letzte Schularbeit, ... vielleicht würde ein Nachhilfeunterricht ... also da müssen wir uns Sorgen machen ... Ja, Deutsch, ja, gut."

Wie sollen Sie eine optimistische Lebenseinstellung erlangen, wenn Sie immer nur hören, was nicht passt und was Sie nicht können? Als Henry Ford nachgesagt wurde, dass er von wenigen Dingen eine Ahnung hat, stellte er sich einem Plenum von Fragenden. Auf seinem Tisch stand ein Telefon, und der Automobilhersteller hatte auf jede Frage eine Antwort. „Wenn ich auch nicht alles weiß, so weiß ich doch, wen ich fragen muss, um es zu wissen", sagte er. Ford verstand sein Metier, stärkte seine Stärken, arbeitete an seinen Schwächen, aber nicht auf Kosten der Stärken.

Ähnliches erzählt Franz Klammer. Er wusste, dass das Springen nicht zu seinen Stärken zählt, dass er wohl nie ein Rennen aufgrund famoser und nie gesehener Sprungtechnik für sich entscheiden wird. Also forcierte er das, was er wirklich konnte: nämlich auf den Kanten zu fahren, zu „carven" (auch wenn es diesen Ausdruck in den 70er-Jahren noch gar nicht gab).

Suchen Sie neue Chancen und Möglichkeiten in Ihrem Leben. Stillstand ist Rückschritt, Bewegung, optimistisch betrachtet, Fortschritt. Nehmen Sie sich das englische Sprichwort zu Herzen: „Love it, change it or leave it." (Liebe es, verändere es oder lass es.) Loten Sie immer wieder Ihre Stärken und Schwächen aus, sagen Sie sich aber auch immer wieder, dass Sie das, was Sie gut können, immer besser machen wollen!

→ **Stärken erkennen**	**Schwächen erkennen**
→ **Stärken forcieren**	**Schwächen akzeptieren**
→ **Stärken stärken**	**Schwächen verbessern** (aber nicht auf Kosten der Stärke(n))

Freude am Tun ist eine der Grundvoraussetzungen für den Erfolg.

Der Weg zum Ziel ist zuweilen flach und zuweilen steil, und zuweilen wird es auch Nacht: aber er darf nicht aus dem Auge verloren werden.

Wiesbauer

Große Erfolge lassen sich nur mit einem Team realisieren: in einem Umfeld, in dem verschiedene Personen verschiedene Stärken aufweisen.

Die Frau an seiner Seite.

Doris Fasching ist Managerin, Ratgeberin, Mentaltrainerin, Trösterin.

Umsorgt von den Seinen, im Bild von Mediziner Dr. Helmuth Ocenasek.

Niemals allein: wer an sein Unternehmen glaubt,
kann auch andere Personen motivieren.

Kein Vorteil ohne Nachteil, kein Nachteil ohne Vorteil.
Situationen können umbewertet und zu „Freunden" gemacht werden ...

... Ist denn Regen nicht erfrischender Lebensspender?

Mit dem Rad quer durch Amerika, Australien oder Europa?
Firmenchef werden? Eine harmonische Beziehung führen? ...

... Alles realistisch Vorstellbare ist im Leben umsetzbar!

Jeder ist für sich selbst und seinen Erfolg verantwortlich – nicht andere.

Nicht immer sieht man den Weg zum Ziel, aber man weiß: es ist da.

Wolfgang Fasching – ein Produkt seiner Gedanken.

Um in unserem Leben voranzukommen, um sich selbst zu erkennen, ist es wichtig zu lernen. Sie kennen es schon von klein auf bzw. erleben es an Ihren eigenen Kindern. Da werden Fragen gestellt, um Wissen anzueignen, da werden aber auch Fragen gestellt, um moralische Werte und Normen aufzunehmen. Das Fragen und Lernen geht in der Schul- und Studienzeit weiter, und immer wieder wird man mit dem Satz konfrontiert, dass man nicht für die Schule, sondern für das Leben lernt. Wie wahr.

In meiner Karriere als Spitzensportler habe ich bewusstseinserweiternde Erfahrungen hauptsächlich auf drei Schienen gemacht:

Lernprozesse durch Erfahrung,
schmerzhafte Lernprozesse,
selbst angeeignete Lernprozesse.

Es sind drei Ebenen, die auch Sie kennen: werden Sie sich bewusst, dass es – wenn es zuweilen auch schwer fällt – letztlich nur gut für Sie ist!

Aus Erfahrung wird man klug, sagt das Sprichwort. „Erfahrungen wären nur dann von Wert, wenn man sie hätte, ehe man sie machen muss", meint der Schriftsteller Karl Heinrich Waggerl, und Oscar Wilde sinniert: „Erfahrung ist der Name, den jeder seinen Irrtümern gibt." Doch vielleicht sind Sie beim Apercu von Maria Ebner von Eschenbach am besten aufgehoben. „Vieles erfahren haben heißt noch nicht, Erfahrung besitzen." Will heißen: Wenn Sie das Erlebte, das Erlebnis nicht analysieren, dann werden Sie keine Schlüsse daraus ziehen und nicht an Erfahrung gewinnen. Der Augenblick verblasst, es kommen andere, neue Eindrücke.

Wichtig ist deshalb, das Geschehene, Positives wie Negatives, zu bewerten. Das eine ist leicht, das andere schwer. Wenn Sie eine sportliche oder persönliche Niederlage einstecken müssen, wenn im Beruf nicht alles optimal läuft oder wenn Verhandlungen scheitern, dann ist es leicht nachzudenken, zu grübeln. Woran ist es gelegen, dass Sie gescheitert sind? Tritt das Gegenteil ein, feiert man den Sieg und geht dann wieder zur Tagesordnung über. Mal ehrlich: Ist jeder Ihrer Siege perfekt gewesen? Hätte es nichts zu verbessern gegeben? Wenn es so war: herzliche Gratulation. Doch wenn Sie die Sache nüchterner beleuchten, werden Sie sich eingestehen, dass da oder dort noch Verbesserungspotenzial bestanden hätte. Denken Sie an Pyrrhus von Epirus. 280 vor Christus schlug er die Römer – und jammerte dann aufgrund der hohen Verluste: „Noch so ein Sieg, und ich bin verloren!" Ein Sieg ist immer ein Sieg – aber vielleicht doch nur ein Pyrrhussieg.

Erfahrung ist das eine, Schmerz das andere. Was Sie am eigenen Leib erfahren, geistig wie körperlich, wird sich in Ihrem Unterbewusstsein einprägen. Schon als Kinder sind die wenigsten von Ihnen gerne zum Zahnarzt gegangen; als Kinder haben wir alle unsere Erfahrungen gemacht und von unseren Eltern den so bewährten pädagogischen

Ratschlag empfangen, mit der Hand nicht zu nahe ans Feuer oder in die Steckdose zu kommen. Schmerz muss tatsächlich gefühlt werden. Es bringt Ihrem Nachwuchs nichts, wenn Sie ihn über die Gefährlichkeit der Elektrizität aufklären wollen. „Messer, Gabel, Schere, Licht, ist für kleine Kinder nichts", sagt der Reim. Wichtiger ist aber wohl, immer einen gut ausgestatteten Verbandskasten bei der Hand zu haben …

Sie erleben Schmerz Tag für Tag. Es muss nicht immer körperlicher sein. Die einen mögen leiden unter dem unbarmherzigen Sinn für Humor eines Mitarbeiters und gehen in Defensivstellung, wenn dieser nur den Mund öffnet. Andere betätigen sich tatsächlich körperlich, an Hochöfen beispielsweise, und wissen ganz genau, wie nahe sie der Glut kommen dürfen. Denn wenn nicht, kann es nicht nur Verbrennungen, sondern auch Schlimmeres geben.

Doch lernen können Sie nicht nur aufgrund individuell gemachter Erfahrungen oder Schmerzen, die Sie am eigenen Leib verspürten, sondern auch durch die Erfahrungen anderer. Und weil man nicht jeden Abend mit einer Größe der damaligen oder heutigen Zeit zu Tisch sitzt, empfiehlt es sich, belesen zu sein. Als ich mich auf mein Abenteuer im Himalaja vorbereitete, widmete ich mich der Lektüre alpinistischer Texte und eignete mir so einen Teil meines alpinen Wissens an. Die Bekanntschaft mit einem einzigen guten Buch kann ein Leben ändern, meinte der französische Schriftsteller Marcel Prévost.

Nehmen Sie sich deswegen Zeit, Ihren Horizont zu erweitern! Sie interessieren sich für schnelle Autos? Warum nicht mehr über die Nobelmarken und deren Entstehungsgeschichte erfahren? Sie sind Briefmarkensammler? Warum nicht hinter die Geschichte der Post eines bestimmten Landes blicken? Noch wichtiger ist Lektüre, wenn Sie sich mit großen beruflichen, privaten oder persönlichen Thematiken auseinandersetzen. Lesen bildet und kann Sie auf der Karriereleiter nach oben führen. Ihre Vorgesetzten werden überrascht und erfreut sein, wenn sie sich mit Ihnen nicht nur über rein arbeitstechnische Vorgänge unterhalten können („ein Fachidiot"), sondern auch über Oper, Malerei, Literatur und anderes („ein Typ mit breit gestreutem Interesse!"). Doch selbstverständlich dient Literatur auch dazu, sich fachspezifisch fortzubilden. Glauben Sie nicht an den Satz, dass Wissen Macht ist. Angewandtes Wissen ist Macht!

An dieser Stelle ist es allerdings vonnöten darauf hinzuweisen, dass man dem geschriebenen und gedruckten Wort auch kritisch gegenüber stehen sollte. Wenn Sie am Bahnhof oder in einer Tabaktrafik die verschiedenen Zeitungen und Zeitschriften sehen, dann lesen Sie auf den Titelseiten Meldungen wie: „Die Ananas-Diät", „Die Hollywood-Diät", „Nie mehr dick", „Trennkost neu" usw. Diese verschiedenen Kaufargumente entspringen der Ansicht vieler Menschen, dass schwer zu Realisierendes (nämlich Gewicht zu verlieren) nur kompliziert erreicht werden kann. Dabei ist die einfachste Diät jene, sich in der frischen Luft zu bewegen (Radfahren, Laufen, Nordic Walking – Ausreden gibt es keine mehr!) und – selbstverständlich – weniger zu essen. Wenn Sie mit guten und gut gemeinten Argumenten von vielen Seiten überschüttet werden, werten Sie, denken Sie daran, dass das Einfachste zumeist den richtigen Weg zeigt, und entscheiden Sie bei aller Rationalität auch mit dem Bauch. Lassen Sie Ihr Gespür, Ihre Emotionen im Prozess der Selbsterkenntnis nicht zu kurz kommen!

Seien Sie ehrlich zu sich selbst! Die Aufrichtigkeit vor sich selbst ist ein wichtiger Punkt, um Körper und Geist zu beherrschen und sich selbst den richtigen Stellenwert in den verschiedenen Bereichen des Lebens zu geben. Immer wieder geschieht es, dass man mit einer Notlüge ein kleines Versehen oder einen Fehler übertünchen will. Man erzählt die Geschichte einmal, dann noch einmal am Abend der Familie, dann ein drittes Mal am nächsten Tag – und man beginnt, sie selbst zu glauben. Man kreiert sich seine eigene Wahrheit!

Sind es keine Lügen oder Notlügen, so sind es gemeine Ausreden, die uns davon abhalten, die Wahrheit als solche zu erkennen. Unser Bestreben kann somit nur sein, die Wahrheit zu identifizieren und die Lügen abzustellen: denn Lügen haben in Ihrem Leben, das Sie mit Zielen und Visionen planen, nichts verloren. Notlügen und Ausreden führen zu Zweifeln und Selbstzweifeln, bilden Hindernisse auf dem Weg zum Ziel.

→ **Lebe deinen Traum** und verabschiede dich von deinen Ausreden!

Einen Schritt in die richtige Richtung unternehmen Sie schon allein dadurch, wenn Sie sich vornehmen, bei jeder noch so kleinen Unehrlichkeit daran zu denken und richtige, ehrliche Antworten zu formulieren. Wenn Sie abnehmen möchten, denken Sie bewusst an all jene Nahrungsmittel, die Sie im Laufe eines Tages zu sich nehmen, und übergehen Sie nicht einfach das Stück Torte zum Nachmittagskaffee („daran kann es nicht liegen, dass ich nicht abnehme"). Wenn Sie auf eine wichtige Prüfung hin lernen und letztlich scheitern, gestehen Sie sich ein, dass Sie gewisse Themenbereiche bewusst ausgeklammert haben („werden eh nicht abgefragt, kann ich eh schon") oder dass Sie zu wenig Zeit für Ihre Vorbereitungen eingeplant haben („Arbeit, Sport, Freundin – es war eben stressig..."). Wenn Sie mit dem Rauchen aufhören wollen, seien Sie ehrlich zu sich selbst und denken Sie ganz bewusst, wie viele Zigaretten Sie geraucht haben: waren es fünf oder acht oder zwölf? Letztlich schaden Sie niemanden außer sich selbst und Ihrer Gesundheit!

→ **Achte auf deine Gedanken.**
Und achte auf deine Worte ...

Übung 1

Nehmen Sie sich einige Minuten Zeit. Schließen Sie die Augen und versuchen Sie in Bildern zu denken. Beantworten Sie sich folgende Fragen: Was kann ich gut? Was gelingt mir gut? Was mache ich immer wieder mit Freude? Diese Antworten werden wohl Ihre Stärken ergeben. Und nun andersrum: wo liegen Ihre Schwächen?

→ Schreiben Sie Ihre Antworten auf!

	Stärken	Schwächen
1		
2		
3		
4		
5		

Übung 2

Schließen Sie wieder die Augen und setzen Sie sich konzentriert mit Ihren Stärken auseinander. Was wollen Sie kurz- und mittelfristig tun, um Ihre Stärken zu stärken?

1 ______

2 ______

3 ______

4 ______

5 ______

Übung 3

Schließen Sie erneut die Augen und denken Sie an Ihre kleinen, lässlichen Notlügen und Entschuldigungen. Schreiben Sie nieder, wie Sie diese Sachverhalte in Zukunft sich selbst und anderen darlegen wollen!

1 ____________________

2 ____________________

3 ____________________

4 ____________________

5 ____________________

Notizen

4

Teamarbeit

Immer wieder werde ich von Personen, die sich nicht besonders gut in dieser Materie auskennen, gefragt, weshalb ich denn immer mit einem ganzen Tross zu meinen Langstreckenrennen reise. Wenn Fasching quer durch Amerika radelt, heißt es dann vereinfacht formuliert, muss doch ein Mechaniker und ein Chauffeur reichen.

Tatsache ist, dass ich meine Erfolge ohne funktionierende Teamarbeit nicht eingefahren hätte. Mag ich auch derjenige sein, der im Rampenlicht steht: ohne einen Arzt und Masseur, ohne einen Mechaniker und Chauffeur, ohne meine Frau Doris. (Weggefährtin, Mentaltrainerin, Organisatorin) wäre ich in vielen Situationen chancenlos. In diesem Sinne bin ich auch nur ein Glied in dieser Kette, und ich bin mir dieser Rolle durchaus bewusst.

Unterwegs gibt es viel zu tun. Während die einen an meinem Hinterrad kleben, mich über Weg- und Rennverlauf aufklären, mich mit flüssiger und fester Nahrung versorgen, sind andere unterwegs, um Essen für die Crew zu kaufen (oder meine Sonderwünsche – nach einem Burger beispielsweise – zu befriedigen). In den Ruhephasen kümmern sich der Arzt, der Masseur und meine Frau um mich. Ein Pressesprecher informiert die Medien über den Rennverlauf. So hat jeder seinen Part zu erfüllen.

Ich bin der Kapitän dieser Mannschaft, ich trage die Verantwortung. In meinen Bereich fällt letztlich die Auswahl der Spieler, und ich achte penibel darauf, dass die einzelnen Mitglieder des Teams in den für sie zugedachten Bereichen kompetent sind.

Sprechen wir alle vom Gleichen? Verfolgen wir alle die gleichen Ziele? Verstehen wir dasselbe? (Gehört ist ja nicht gleich verstanden.) Gehen wir in die gleiche Richtung? Diese Fragen sind zwar banal, aber notwendig. Denn jeder meiner Teammitglieder hat einen anderen Charakter, eine andere Sichtweise der Dinge: und deswegen ist es unheimlich wichtig abzuklären, ob wohl auch alle in die gleiche Richtung marschieren. Zwar vergleichen wir nicht die Zeit auf unseren Armbanduhren, doch das Bild, das sich in so vielen Filmen immer und immer wieder wiederholt, ist durchaus angebracht. Das Team muss gleich ticken, und es muss wissen, wann es losgeht.

→ **Eine Mannschaft muss richtig gepolt sein**: unterschiedliche Pole (+/-) ziehen einander an, gleiche Pole (+/+) stoßen einander ab.

Eine Mannschaft muss in ihrer kleinsten Einheit funktionieren, und ich bin froh, dass meine Frau und ich ein optimal eingespieltes Team ergeben, ein Team, in dem gemeinsam entschieden wird, in dem wir gemeinsam ein Haus bauen, in dem wir uns gemeinsam um unsere Kinder kümmern und in dem wir gemeinsam zukünftige Projekte planen.

Sie sind ein Individuum, haben Ihre Stärken und Ihre Schwächen. Konzentrieren Sie sich auf Ihre positiven Seiten und werden Sie sich bewusst, dass andere dort Stärken haben, wo Sie bei sich selbst Schwächen ausmachen. So entsteht ein Team: weil nicht alle in Ihrer Firma oder in Ihrer Familie das Gleiche machen können (wollen, dürfen), werden Aufgaben geteilt. Es entsteht der Kern einer Mannschaft. Der Kern einer Mannschaft ist es, der die Entscheidungen fällt. Andere werden hinzugezogen, um gewisse Aufgaben zu erledigen. Und weil es Außenstehende gibt, wissen Sie, dass Ihr Team, oder das Team, dem Sie angehören, etwas ganz Besonderes ist. In einer Mannschaft, in einer Arbeitsgruppe ist jedes Mitglied gleich wichtig. Es ist wie bei einer Fahrradkette: fällt ein Glied aus, kann man die Kette noch irgendwie zusammenstückeln und mit Müh' und Not weiterfahren. Fällt ein weiteres Glied aus, steht das Gerät. In einer Organisation gibt es keine wichtigen und unwichtigen Teammitglieder. Der Vorstandsvorsitzende, der Personalchef, der Abteilungsleiter, der Junior Consultant, die Sekretärin, die Raumpflegerin: sie alle haben in einem Unternehmen an ihrer Position bestmögliche Arbeit zu liefern. Die eine steht mehr im Mittelpunkt als die andere, schon klar. Jedes Teammitglied sollte indes das Gefühl haben, gleich wichtig für eine Firma zu sein. Fängt ein Tag nicht besser an, wenn das Büro frisch und sauber geputzt wurde?

Immer wieder kann man beobachten, dass das Team wichtiger ist als der Einzelne. Ich arbeite bei diesem oder jenem Unternehmen, und der eigene Name wird fast immer nur vorgebracht in Zusammenhang mit dem aussagekräftigeren Namen der Firma. Ich bin XY von der Firma so und so, heißt es dann stolz. Firmenchefs können stolz darauf sein, wenn die Identifikation der Mitarbeiter aus dem tiefsten Inneren kommt und ehrlich nach außen getragen wird. Mit dem inneren Feuer, Dinge zu bewegen, und mit dem brennenden Verlangen, große Ziele zu erreichen, können Visionen umgesetzt werden.

Doch auch Gegenteiliges tritt zuweilen ein. Dann sagt der Chef, dass seine Mitarbeiter allesamt Idioten sind. Und diesem muss man höflich, offen und ehrlich antworten, dass Mitarbeiter nur so gut wie ihr Vorgesetzter sein können. Der Fisch fängt am Kopf zu stinken an.

Stellen Sie sich vor, Ihr Ressortleiter oder Ihr Chef kommt jeden Tag unpünktlich, missmutig und schlecht gelaunt zur Arbeit. Sie hüllen das Büro mit Zigarettenrauch und aggressiver Stimmung ein, sie arbeiten schlampig, delegieren ohne zu kontrollieren, sind entweder zu autoritär und behandeln die Belegschaft wie Leibeigene oder sind zu desinteressiert in Bezug darauf, was in ihrem Laden vorgeht. Gibt es Misserfolge, sind immer die anderen Schuld, gibt es Erfolge, stehen sie mit stolzer Brust da, sagen laut: „Seht her, so macht man das! Mein Verdienst!“

Ganz ehrlich: würden Sie für einen solchen Vorgesetzten durch das Feuer gehen? Wohl nicht. Warum auch. Er würde Sie ja auch verbrennen lassen!

Soll ein Team funktionieren, muss sich zuerst der Chef im Klaren sein über die zu erreichenden Ziele, und er muss mit größter Motivation und Konzentration danach streben. Er muss vorbildhaftes Verhalten, Engagement und Zielorientiertheit vorleben. Nur auf diese Art und Weise kann der Funke auf die Mannschaft überspringen. Stellen sich Erfolge ein, dürfen diese nicht zur Gänze vom Firmenboss in Anspruch genommen werden: die Erfolge beruhen nämlich auf der Arbeit des Teams, sind deswegen zu teilen, auf ideeller Basis, indem jene Mannschaftsteile lobend erwähnt werden, die für diesen Erfolg zuständig waren (keine Lippenbekenntnisse, bitte!), auf monetärer Basis, indem es Prämien oder Gewinnbeteiligungen gibt.

→ **Teamarbeit hat nur dann dauerhaft Bestand, wenn klare Ziele verfolgt und erreicht werden,** und wenn das Resultat als Resultat gemeinsamer Anstrengungen nach innen und außen kommuniziert wird!

Übung 1

Lernen Sie sich selbst besser kennen. Beantworten Sie folgende Fragen mit Ja oder Nein. Überwiegen die negativen Antworten, sollten Sie sich vornehmen, vermehrt an Ihrer Teamfähigkeit zu arbeiten.

→ Ich fühle mich in meinem Team/meiner Arbeitsgruppe wohl.

○ JA ○ NEIN

→ Ich unterstütze meine Mitarbeiter, Mitspieler so sehr ich kann.

○ JA ○ NEIN

→ Ich freue mich, wenn ich meine Arbeitskollegen oder Mitspieler anfeuern kann.

○ JA ○ NEIN

→ Wenn ich ein Ziel nicht erreiche, gebe ich anderen die Schuld.

○ JA ○ NEIN

→ Ich glaube an mich und unser Team.

○ JA ○ NEIN

→ Ich glaube, dass jeder in unserer Gruppe sein Bestes gibt.

○ JA ○ NEIN

→ Wenn einer meiner Kollegen einen Erfolg hat, ist es auch mein Erfolg.

○ JA ○ NEIN

→ Ich bin überzeugt, dass Ruhm teilbar ist und sein soll.

○ JA ○ NEIN

→ Es macht Spaß, in dieser Gruppe zu arbeiten.

○ JA ○ NEIN

Übung 2

Nehmen Sie sich eine Viertelstunde Zeit und beantworten Sie diese Fragen in schriftlicher Form:

→ Welche Fähigkeiten bringe ich ein, damit das Team, in dem ich mich gerade befinde, gut arbeiten kann?

→ Was sind die wichtigsten Fähigkeiten, die unser Team/ unsere Abteilung benötigt, um in stressigen oder problematischen Momenten bestehen zu können?

→ Was sollten wir tun, um innerhalb unseres Teams größere Harmonie und Zusammenhalt zu erzeugen?

→ Was brauchen wir, um als Team zu wachsen und erfolgreicher zu sein?

→ Was tue ich persönlich, um meine Arbeitskollegen aufzubauen und zu unterstützen?

→ Was sind die wichtigsten Dinge für unsere Arbeitsgruppe?

1

2

3

4

5

→ Was sind die Ziele unseres Teams?

1 ______________________________

2 ______________________________

3 ______________________________

4 ______________________________

5 ______________________________

Übung 3

Für diese Suggestionsübung lesen Sie in angenehmer Position, auf Ihrer Couch oder auf dem Bett sitzend oder liegend, nachfolgenden Text, schließen dann die Augen und lassen Ihre Gedanken schweifen ...

- → Denken Sie daran, wie Sie erstmals mit Ihren Arbeits- oder Sportkollegen einen tollen Erfolg feiern konnten ... wie alles so reibungslos ablief ... wie alle mit großer Intensität, brennendem Verlangen, Kraft bei der Sache waren ... wie jeder für jeden anderen einstand und man sich gegenseitig unterstützte ... wie man auch die schwierigen Momente in einem Match oder in einer Verhandlungsrunde durchtauchte ...

- → Sie kennen Ihre Kollegen so gut ... Sie wissen, dass alle nach dem Optimum streben und keiner halbe Sachen macht ... Sie wissen auch, dass die Nerven zuweilen angespannt sind in einer Gruppe, die sehr viel Zeit miteinander verbringt, aber dass jeder von Ihnen auch bereit ist, ein Wortduell schnell abzuhaken und nach vorne zu blicken ... Es besteht Freundschaft, getragen von gegenseitigem Respekt ... Sie freuen sich über einen Erfolg des anderen, denn Sie wissen, dass dies dem Gesamterfolg des Teams zugute kommt ...

→ Sie wissen, dass Sie in diese Gruppe gehören, dass hier Ihr Platz ist … Wenn Sie gewinnen, gewinnen alle … und umgekehrt … Sie stehen nicht alleine da, sondern sind Teil von etwas Größerem und Wichtigerem … Sie sind sich der Tragweite bewusst, Teil der Mannschaft zu sein … Sie leben jeden Moment bewusst, Sie sammeln Erfahrung um Erfahrung … Sie wachsen als Individuum, und mit Ihnen wächst das Team als großes Ganzes …

→ Denken Sie an die oben formulierten Ziele Ihres Teams … Denken Sie daran, was für eine Freude und einen Spaß Sie haben, gemeinsam mit anderen nach diesen Zielen zu streben, bei einem Match oder einem Meeting … wie lohnenswert es ist, Erfahrungen mit anderen auszutauschen … an andere zu glauben, anderen zu vertrauen … wie stolz Sie sind, in dieser Gruppe aktiv zu sein … wie es Ihnen warm ums Herz wird, wenn Sie an die Einheit des Teams denken und an sich selbst als Teil eines großen Ganzen … wissend, dass Sie anderen helfen, und andere Ihnen …

→ Erinnern Sie sich zurück … wie es war, als Ihre Gruppe, Ihre Mannschaft diesen Erfolg feierte … was Sie getan haben, um diesen Erfolg zu ermöglichen … realisieren Sie, wie Sie sich als Individuum und als Teamspieler weiterentwickelt haben … erkennen Sie, dass es eine Ehre und ein Privileg ist, in dieser Gruppe zu sein … freuen Sie sich am Weg, der das Ziel ist … erfreuen Sie sich an Ihrer Lernfähigkeit … danken Sie sich selbst und Ihren Kollegen für gut gemachte Arbeit …

Kommen Sie langsam wieder in die Realität zurück! Atmen Sie tief ein und aus, strecken Sie Hände und Arme, Füße und Beine durch. Öffnen Sie die Augen und fühlen Sie sich bereit für den Rest des Tages!

Notizen

5

Positives Denken

Liebe dich selbst wie keinen anderen!

Es war das XXAlps 2003, ein Rennen über 2.200 Kilometer und 53.000 Höhenmeter, das von Liechtenstein über Österreich nach Italien und über die Schweiz schließlich nach Frankreich und quer durch die Alpen an die Cote d'Azur führte. Ich war angetreten, um diese Konkurrenz, die erstmals ausgetragen wurde, zu gewinnen. Doch die Gegner gehörten zu den Besten, die Europas Langstrecken-Radszene aufzubieten hatte. Überragend agierte der Schweizer Andrea Clavedetscher, der am letzten der vier Tage mit rund drei Stunden Vorsprung vor mir auf Rang eins lag. Zwar wollte ich mich nicht mit dem Ehrenplatz zufrieden geben, aber ich wusste, dass meine Siegchancen auf ein Minimum geschrumpft waren. Positiv gedacht haben in dieser Situation meine Crew-Mitglieder: indem sie mir Mut zusprachen und mich an die festgelegten Zeitpläne erinnerten, ohne auf den zeitlichen Vorsprung meines Kontrahenten einzugehen, dachte auch ich weiterhin positiv. Auf dem vorletzten und gleichzeitig höchsten der 47 zu bewältigenden Alpenpässe – dem 2.802 m hohen La Bonnette, der sogar künstlich aufgeschüttet worden war und somit der höchste Pass Europas ist – schlossen wir zu Clavedetscher auf und zogen an ihm vorbei: der Sieg war wieder in greifbare Nähe gerückt und auf dem letzten Anstieg nach Isola 2000 auch realisiert.

Wenn ich mich in einem Rennen befinde, weiß ich, dass ich erst dann nicht mehr gewinnen kann, wenn ein Konkurrent vor mir im Ziel ist. Bis zu diesem Zeitpunkt lebt die Chance. Beim Race Across America 1999 gelang mir eine denkwürdige Aufholjagd. Die Konkurrenz begann in diesem Jahr eigentlich ohne mich. Schnell lag ich weit zurück, fand mich mit einem Rückstand von 14 Stunden an letzter Stelle wieder, kämpfte gegen die Hitze, fühlte mich krank und war es auch. Nichts leichter als in dieser schier aussichtslosen Situation aufzugeben. Jeder hätte mich verstanden: so, wie ich mich fühlte, so, wie die Umstände waren, machte es wirklich keinen Sinn, auch nur einen Kilometer weiterzufahren.

Doch ich stellte mich der Situation und dachte positiv. Ich wusste, dass meine Schwächeperiode irgendwann einmal enden müsste, und so war es letztlich auch. Ich startete eine furiose Aufholjagd, die mich an die Spitze führte.

Positives Denken entwickle ich nicht nur temporär für meine sportlichen oder außersportlichen Aktivitäten. Positives Denken zieht sich durch jeden Tag meines Lebens. Es mag arrogant und egoistisch klingen, doch: „Liebe dich selbst wie keinen anderen!" Wie oft höre ich andere sagen: „Du magst dich ja selbst nicht." Und wie soll man dann andere mögen, wenn es bei einem selber nicht klappt? Ist es nicht am wichtigsten, zuerst mit sich selbst im Reinen zu sein? Folglich vertrete ich die Überzeugung, dass ein guter oder weniger guter Umgang mit anderen Personen seinen Ursprung im eigenen Charakter hat. Somit erhält unser eigener Name in unserem Wortschatz eine besondere Bedeutung. Ich bin es, der jeden Tag neu in den Tag hineingeht, ich bin es, der bewusst, optimistisch, positiv denkend lebt. Und so liege ich in der Früh im Bett, lasse den anstehenden Tag gedanklich im Kopf ablaufen, sammle positive Energien und sage mir dann: „So, Wolfgang, aufstehen!"

→ **Alles, was ich mir wünsche, werde ich bekommen.**
Alles, was ich befürchte, jedoch auch.

Es gibt Optimisten und es gibt Pessimisten. Die einen füllen ein Glas zur Hälfte an und sagen erfreut: „Es ist halbvoll." Die anderen machen es genauso, verziehen dann ihr Gesicht und stöhnen: „Es ist halbleer." Die einen sehen jedes Problem als Herausforderung oder als Chance, sich zu beweisen, sprechen davon, dass man es so und so schaffen kann. Die anderen verziehen sich in ihr Schneckenhaus und sind schnell mit finaler Wortwahl zur Stelle: „Unmöglich." „Unlösbar." „Das ist nicht zu schaffen." „Das kann ich nicht."

Klar ist: wer sich nicht bewegen will, weil er das Neue, Unbekannte fürchtet, weil das Gras auf seiner Seite des Zauns allemal grün genug ist, findet schnell Argumente, eine Situation negativ zu bewerten. Wer vorankommen möchte im Leben, kommt nicht umhin, sich Problemen zu stellen. Denn Probleme sind dazu da, überwunden zu werden.

→ **„Wer weiß, für was es gut ist"**, philosophiert der Volksmund. In der Tat gibt es keinen Vorteil ohne Nachteil, keinen Nachteil ohne Vorteil. Suchen Sie immer nach den guten, schönen, besseren Seiten der Medaille!

Positives Denken ist somit Grundlage des Erfolgs. In der Geschichte der Menschheit gibt es unzählige Beispiele von Entdeckungen und Erfindungen, die (auch) auf das positive Denken zurückzuführen sind. Christoph Kolumbus hätte Amerika nie erreicht, wenn er nicht von seinem Vorhaben überzeugt gewesen wäre. Thomas Edison hätte die Glühbirne nicht erfunden, hätte er sich von Tausenden Fehlversuchen entmutigen lassen. Lance Armstrong hätte den Krebs nicht besiegt und die Tour nicht sieben Mal gewonnen, wäre er von Zweifeln geplagt gewesen.

Sie sehen, dass der Weg zum Ziel über eine positive Einstellung führt. Seien Sie mit sich selbst im Reinen, dann können Sie auch für andere wertvoll sein: als Firmenchef, als Angestellter, als Ehepartner, als Teamspieler. Ständige Zufriedenheit ist wichtig, und diese entsteht durch positives Denken – nicht durch ständiges Jammern!

All dies sind Argumente, sich selbst zu lieben. Streben Sie nicht nach überzogenem Egoismus, aber sehen Sie diese Liebe zu sich selbst als Basis, mit anderen liebevoll umzugehen und diesen Freundschaft, Wärme und Begeisterung vermitteln zu können. Wenn Sie in den Spiegel schauen, sagen Sie zu sich selbst: „Ich bin zufrieden mit mir, ich gefalle mir." (Ist dies nicht der Fall, tragen Sie dazu bei, dass es sich ändert!) Sagen Sie: „Einen wunderschönen guten Morgen! Ich freue mich auf diesen Tag, es wird ein toller Tag! Alles, was ich mache, mache ich gerne." (Es mag vielleicht nicht Ihr bester Tag werden, und vielleicht wollen Sie auch nicht alles gerne machen, was so ansteht – aber es wird Ihnen schwer fallen, missmutig aus dem Badezimmer zu kommen!) Und zuletzt: umarmen Sie sich, nicht nur geistig, sondern auch körperlich. Legen Sie Ihre linke Hand auf oder hinter die rechte Schulter und umgekehrt, jetzt drücken Sie sich! Wie oft haben Sie das in Ihrem Leben schon getan??

Eine andere Möglichkeit, leicht zu einer positiven Tageseinstellung zu gelangen, ist über die Musik gegeben. Sicher passiert es Ihnen auch zuweilen, dass Sie müde und griesgrämig in das Auto steigen, um sich auf den Weg zur Arbeit zu machen. Sie schalten das Radio an, und da wird just in dieser Minute – oder auf den ersten fünf Minuten Ihrer Fahrt – einer Ihrer absoluten Lieblingshits gespielt. Plötzlich durchströmt ein ganz anderes, weil positives Gefühl Ihren Körper. Sie werden geistig rege, singen mit, wippen mit dem Oberkörper im Rhythmus des Songs. Dieses Gefühl können Sie Tag für Tag selbst erzeugen! Lassen Sie sich durch Musik, die Ihnen gefällt und von einer CD kommt, wecken! Und spielen Sie nicht mit der Radiomusik Roulette!

Musik kann Ihnen auch im Laufe des Tages nützlich sein. Wollen Sie Ihren Spannungspegel heben, hören Sie guten harten Rock. Wollen Sie ruhiger und gelassener werden, führen Sie sich eine Ballade zu Ohren.

Noch etwas. Fällt Ihnen auf, dass man sich in Selbstgesprächen meistens beschimpft, aber selten lobt? Viel eher werden Sie zu sich selbst sagen: „Du Trott'l, warum ist dir das wieder daneben gegangen?", als: „Das habe ich jetzt aber gut hinbekommen." Unsere Gedanken und unsere Sprache passen sich den Vorgaben der Gesellschaft an: das Positive wird als normal zur Kenntnis genommen, das Negative gehört kommuniziert und bearbeitet.

Deswegen ist es wichtig, dass Sie sich auch selbst loben, wenn Sie für sich einen schönen Erfolg (oder Teilerfolg) feierten. Belohnen Sie sich! Gönnen Sie sich eine Kaffeepause, holen Sie sich Ihre Lieblingssüßigkeit aus dem Regal, oder planen Sie bei größeren Erfolgen eine Golf- oder Shoppingrunde mit Freunden und Freundinnen,– was auch immer. Feste gehören gefeiert! Loben Sie sich, wenn Sie etwas gut gemacht haben, wenn Sie auf etwas stolz sind! Sie fühlen sich besser, es hebt Ihr Selbstwertgefühl, das Leben wird schöner.

→ **Positives Denken** hat seine Wurzeln in
Optimistischer Lebenseinstellung
Selbstvertrauen eines jeden Einzelnen
Veränderung der Denkmuster
Veränderung des Wortschatzes.

Denken Sie daran, dass ein gesunder Geist in einem gesunden Körper lebt. Fokussieren Sie sich nicht nur auf das eine, um das andere „verhungern" zu lassen. Sie werden erkennen, dass Ihnen bei körperlichen Aktivitäten in der frischen Luft auch gute Ideen kommen. Nehmen Sie diese

Geschenke des Unterbewussten bewusst wahr, schreiben Sie sie bei Ihrer Rückkehr nach Hause sofort auf – sonst entschwinden diese Gedankenblitze wieder. Dass Bewegung prinzipiell die Lebensqualität steigert, die Gesundheit fördert und dem Krankheitsrisiko entgegen wirkt, sei hier der Vollständigkeit halber erwähnt – Sie sollten es ohnehin schon selbst wissen!

Übung 1

→ Schließen Sie Ihre Augen und denken Sie an Ereignisse, die Sie in den letzten Tagen beschäftigt haben. Stellen Sie sich die Frage, ob Sie diese als Pessimist oder als Optimist gesehen haben. Und wenn Sie skeptisch waren bzw. sind – was müsste geschehen, damit Sie diese Ereignisse positiv umbewerten können?

Übung 2

→ Denken Sie nach, welche Wörter mit negativen oder potenziell negativen Inhalten Sie verwenden und überlegen Sie sich, welche anderen Wörter Sie stattdessen verwenden können. Sprechen Sie beispielsweise nicht von Problemen, sondern von Herausforderungen oder Situationen.

Problem	ändern in	Situation
Faulheit	ändern in	Ruhepausen
	ändern in	
	ändern in	
	ändern in	
	ändern in	
	ändern in	

Gehen Sie nun einen Schritt weiter und überlegen Sie, welche negativen Formulierungen Sie öfters verwenden. „Das schaffe ich nicht." „Wenn ich nur ..." „Aber wie soll das gehen?", sind Phrasen, die sich mit positivem Denken schlagen. Verbannen Sie Negativformulierungen aus Ihrem Sprachgebrauch, verzichten Sie auf den Konjunktiv, denken Sie nicht als Hätti-Wari!

Übung 3

→ Schließen Sie die Augen und stellen Sie sich eine Situation vor, die demnächst geschehen wird. Es geht vielleicht um eine wichtige berufliche Verhandlung, oder um Veränderungen in Ihrem Unternehmen. Oder vielleicht stehen private Diskussionen ins Haus. Spielen Sie diese Ereignisse gedanklich durch und achten Sie darauf, dass Ihre Geisteshaltung positiv-optimistisch ist. Sie sollen sich lächeln sehen, Sie sollen erkennen, dass Sie die Situation im Griff haben und konstruktiv die Vorschläge und Ideen des oder der Gegenüber bewerten.

Notizen

6

Innere Einflüsse

Prinzipiell kann ich in meinem Leben alles beeinflussen. Mein Terminkalender ist voll gepflastert mit verschiedenen Verpflichtungen, und es wäre für mich leicht, Ausreden zu finden, um Trainingseinheiten ausfallen zu lassen. Zudem gibt es noch Privates. Ein Abend mit meiner Frau, eine Party mit Freunden.

Doch was immer auch geschehen mag und was immer auch ansteht: ich weiß, dass ich, will ich sportlich erfolgreich sein, so gut wie jeden Tag trainieren muss: entweder auf dem Ergometer im Keller, oder auf dem Rad in der näheren Umgebung. Mein innerer Einfluss besteht darin, Ja und Nein sagen zu können und zu müssen.

Für mich ist der innere Einfluss die Summe von alledem, was wir haben. Ich kann meine Gedanken positiv oder negativ beeinflussen, ich kann meine Ziele definieren. In meinem Gewissen habe ich einen treuen Verbündeten, es klopft bei mir an, wenn ich Ziele habe, aber dafür nichts oder wenig tue. Wenn ich ein schlechtes Gewissen habe, fühle ich mich angespornt, dann weiß ich, dass ich auf dem richtigen Weg zu meinem Ziel bin. Und selbstverständlich lasse ich dann die vorgesehene Trainingseinheit wegen aufziehender Regenwolken nicht ausfallen.

Im Laufe eines Tages werden Sie immer wieder mit Dingen oder Ereignissen konfrontiert, die Sie steuern können. Alles hat einen räumlichen und zeitlichen Rahmen. Niemand kann sich von dem einen an den anderen Platz beamen, niemand hat mehr als 24 Stunden pro Tag zur Verfügung. Diese Umstände machen uns gleich. Von Ihnen hängt es ab, ein Zeitmanagement zu führen, das Ihren Bedürfnissen entspricht und gleichzeitig auch anderen gerecht wird. Wenn Ihr Tages- oder Wochenprogramm steht, ist es relevant, dass Sie sich auch daran halten!

Halten Sie sich an zeitliche Abmachungen und werden Sie nicht zu einem Dieb: einem Dieb der Zeit anderer. Immer wieder geschieht es ja, dass Sie zuerst noch dies und das zu erledigen haben, ehe Sie sich auf den Weg zu Ihrem Termin machen. Sie wissen, dass Sie zu spät kommen werden, 25 oder 35 Minuten, aber Sie melden sich nicht. Vielleicht, weil Sie sich so wichtig nehmen und davon ausgehen, dass der andere schon warten kann. Oder weil es ohnehin Ihr Gesprächspartner ist, der etwas von Ihnen möchte. Sich müssen sich selbst wichtig sein, schon klar, aber Vereinbarungen sind einzuhalten! Teilen Sie Ihren neuen Zeitplan früh genug mit, damit auch der andere umplanen kann und nicht sinnlos bei einer Tasse Kaffee eine halbe Stunde seiner Zeit vergeudet.

Von anderen sollen Sie aber genauso die Einhaltung zeitlicher Rahmen einfordern. Wenn Sie einen Termin nach dem anderen im Halbstundentakt haben, ein Gesprächspartner sich aber um 20 Minuten verspätet, müssen Sie ihm höflich, aber bestimmt erklären: „Tut mir leid, aber jetzt habe ich nur mehr zehn Minuten." Konfrontieren Sie den anderen mit Ihrer Einstellung, erklären Sie ihm, dass Ihre Zeit wertvoll und verplant ist.

Was Sie noch beeinflussen können, ist Ihr Wortschatz. Vom halbleeren und halbvollen Glas war schon die Rede, doch es ist zu wenig, sich nur bei Stereotypen aufzuhalten. Gewöhnen Sie sich an, positiv besetzte Wörter im Alltag zu verwenden und automatisieren Sie diese. Bei Schimpf- und Fluchwörtern gelingt es uns ja hervorragend ...

Es sind die Gewohnheiten, die sich verändern müssen. Dies geschieht, indem Widerstände überwunden werden. Wollen Sie abnehmen, werden Sie Zeit finden müssen, um laufen gehen zu können. Sie müssen vielleicht täglich eine Stunde früher aufstehen. Oder sie möchten früher zu arbeiten beginnen, weil Sie da ungestört sind, nicht von Telefonaten oder Kollegenanfragen abgelenkt werden. Wenn Sie positiv besetzte Wörter verwenden, die Sie in der Vergangenheit nicht benützt haben, so ist dies gleichermaßen eine Umstellung für Sie.

Gewohnheiten sind überaus schwer zu verändern; das beginnt bei einfachen Dingen des Lebens. Verschränken Sie Ihre Arme vor der Brust: Es wird Ihnen keine Mühe kosten.

Nun verschränken Sie Ihre Arme erneut vor der Brust, aber andersrum: nicht der rechte Arm unter dem linken, sondern umgekehrt. Gelingt es Ihnen auf Anhieb? Oder zögern Sie einen Moment, müssen kurz nachdenken?

Ebenso hört man immer wieder, dass sich Personen gegen gewisse technische Arbeitserleichterungen zur Wehr setzen. Der Computer vor einigen Jahren, das E-Mail jetzt – Zeug für die Jungen, ich gehe ohnehin bald in Pension, das betrifft mich nicht mehr. Der Umstieg von der gewohnten Schreibmaschine auf den Laptop, vom traditionellen Briefverkehr auf die Kommunikation im Internet fällt nicht immer leicht: weil es Änderungen der Gewohnheiten sind!

Im Zusammenhang mit den so genannten unveränderbaren Gewohnheiten fallen auch regelmäßig die gleichen Worthülsen: Das haben wir immer so und so gemacht, warum müssen wir es anders machen? Es geht ohnehin nicht, warum sollen wir also nach Lösungen suchen? Geht nicht, gibt 's nicht! Das ist die einzige richtige Antwort. Als Henry Ford sich in den Kopf gesetzt hatte, einen Motor zu bauen, der alle acht Zylinder in einem Block vereinigte, behaupteten seine Ingenieure, dass dies praktisch unmöglich sei. „Es geht nicht", sagten sie Ford. „Kommen Sie mir nicht damit", schnitt Ford ihnen das Wort ab. „Bleiben Sie einfach dran, bis Sie eine Lösung gefunden haben, Zeit spielt überhaupt keine Rolle." Monate vergingen, eine Lösung war nicht in Sicht. Immer wieder versuchte man Ford, seine Idee auszureden, doch er blieb stur: „Ich will diesen Motor haben, und ich werde ihn haben." Nach einem Jahr hatten seine Ingenieure die Lösung, der Motor wurde später als der V-8 berühmt.

→ **Lassen Sie sich durch keine Macht der Welt von Ihrem Ziel abbringen.** Schon gar nicht durch alteingesessene Traditionen und Gewohnheiten! **Alles Denkbare ist machbar!**

Achten Sie bewusst auf Ihre Wortwahl. Sagen Sie nicht „Ich versuch' es ohnehin", weil es bei einem gut gemeinten Versuch bleiben wird. Sagen Sie nicht: „An sich ja", weil an und für sich ja in der Tat nein bedeuten. Sagen Sie nicht: „Eigentlich will ich es nicht machen", weil eigentlich scheinen Sie es machen zu müssen. Eliminieren Sie die gerade in Österreich so beliebten Konjunktive, die nichts bringen als tatenloses Blablabla und darüber hinaus – bedauerlicherweise – den Arbeitsprozess unter verbalen Ausflüchten unter sich begraben. „Das war ein gut gemeinter Pass in den leeren Raum, mit dem der Mitspieler etwas hätte anfangen können, wenn er dort gewesen wäre." Nein, keine Wortkreation für dieses Kapitel, sondern der Sager eines Fernseh-Journalisten bei einem Fußball-Länderspiel.

Übung 1

→ Schließen Sie die Augen und denken Sie an positive Wörter wie Gesundheit, Kraft, Ausdauer, Liebe, Erfolg. Stellen Sie sich zu jedem dieser Wörter auch ein Bild vor. Wie sieht für Sie Erfolg aus? Speichern Sie dieses Bild in Ihrem Gedächtnis ab!

Übung 2

K(ey)-Wörter (englisch: Schlüssel-Wörter) für Ihren täglichen Gebrauch könnten sein:

- Konsequenz
- Kooperation
- Kondition
- Kompetenz
- Koordination
- usw.

→ Suchen Sie jeweils fünf positiv behaftete Wörter eines Buchstabens:

G wie Gesundheit, ____________________

L wie Liebe, ____________________

R wie Ruhe, ____________________

Übung 3

→ Gewohnheiten prägen unser Leben. Denken Sie einige Minuten über Ihre nach, überlegen Sie, ob diese vernachlässigbar sind oder ob Sie sich bemühen sollten, diese Gewohnheiten dauerhaft zu verändern.

Beispiele:

- In der Früh, Gang vor die Tür, um die aktuelle Zeitung zu holen, um dann mit dieser auf die Toilette zu verschwinden.

- Kauf von zwei Red Bull vor jeder längeren Autofahrt.

- Einen Schnaps vor dem Schlafengehen.

1 ______________________________

2 ______________________________

3 ______________________________

4 ______________________________

5 ______________________________

Notizen

7

Äußere Einflüsse

„Ihr habt mir den Sieg gestohlen!"

Das Race Across America 2000 gehört zu den denkwürdigsten von allen sieben, die ich bestritten habe: und nicht, weil es ein besonders überragender Sieg war, oder weil ich durch besonders spektakuläre Aufholjagden aufgefallen wäre. Es war ein Rennen, das ich gewinnen hätte können und auch müssen. Doch eine Reihe unglücklicher Umstände verhinderten meinen Sieg. Ich weiß, dass dies nach Ausreden klingt. Doch damals, gleich nach dem Rennen, blickte ich in die Runde, sah in die Gesichter meiner Crew und beschuldigte sie mit teilweise unfeinen Worten, mir den Sieg gestohlen zu haben. Weil sie, die Crew, eben unnötige

Zeitstrafen eingefangen habe. Etwa für das Nichtbeachten zweier Stopptafeln oder für wiederholtes Hinauslehnen aus dem fahrenden Begleitfahrzeug (alles laut Straßenverkehrsordnung und Reglement verboten). Ich beschuldigte meine Crew, weil sie mir dadurch eine unnötige Pause aufgedrängt habe, eine Pause, die nur meine Mitstreiter, aber nicht ich wollte, weil wir uns einige Male verfahren haben, was mir 40 bis 60 Minuten gekostet haben dürfte.

Dass der US-Amerikaner Danny Chew trotz aller Zeitstrafen lediglich 72 Minuten vor mir als Sieger geführt wurde, interessierte mich wenig. Zweiter ist Zweiter, Zweiter ist, gerade beim RAAM, der erste Verlierer.

Es hat Monate gedauert, bis ich mich emotional beruhigte und bis ich diese Situation für mich meistern und neu bewerten konnte. Und wenn ich heute zurückblicke, dann tut es mir Leid, dass ich Personen, die mir rund 5000 Kilometer quer durch die USA zur Seite standen, verbal in den Rücken fiel. Ich machte ihnen Vorwürfe, doch Vorwürfe sind vergammelte Bitten: wenn man vorher nach etwas fragt, vorher mitbestimmt, kommt es danach nicht zu Anschuldigungen. (Ich will oft Recht haben, aber ich lasse mich auch von anderen Standpunkten überzeugen. Und ich kann auch Fehler zugeben.)

Ich bin ein Spitzensportler, muss als solcher auch bis zu einem gewissen Grad egoistisch veranlagt ein. Meine Sponsorenverträge waren leistungsbezogen, ein Sieg beim RAAM folglich Pflicht. Ich fühlte mich unter Druck gesetzt, wollte nicht siegen, sondern musste. Platz zwei war eine Niederlage, verursacht durch Unfähigkeit anderer (dachte ich).

Heute weiß ich es besser. Äußere Umstände haben immer wieder mein Leben beeinflusst (und werden es auch immer wieder tun). Als ich 2001 den Mt. Everest besteigen wollte, kamen mir die Naturgewalten entgegen, es herrschten die richtigen meteorologischen Verhältnisse für den Gipfelsturm. Andere Bergsteiger sitzen Tage oder Wochen im Basislager und können nicht aufbrechen, weil die Natur das Unternehmen „Mt. Everest" verhindert.

Immer besser gelingt es mir nicht schuldorientiert, sondern lösungsorientiert zu handeln. Letztlich geht es ja nicht darum, einen Sündenbock für meine Probleme zu finden, sondern diese zu lösen. Um nochmals auf das Rennen 1999 zurückzukommen. Nicht meine Crew, sondern ich selbst verlor das RAAM. Ich war nämlich verantwortlich für die Renntaktik, ich hatte die Schlafpausen zu bestimmen, und selbstverständlich hatte ich meine Mannschaft zusammengestellt.

„Es ist weniger schwierig, Probleme zu lösen als mit ihnen zu leben", sagt Pierre Teilhard de Chardin, ein französischer Philosoph. Aber mal ehrlich. Wie viele Probleme (im Sinne von Herausforderungen oder Situationen) werden tatsächlich gelöst? Und wie viele schieben wir vor uns her, die nie bewältigt werden? Es gibt eine Unzahl von Ausreden und Ausflüchte, um ein Problem wegzureden oder zumindest nicht mehr als „Schuldiger" oder „Versager" vor dieser Situation dazustehen.

Viele Menschen machen Zeit Ihres Lebens eine Reihe von Dingen für ihre Probleme verantwortlich, beispielsweise:

- die schlimme Kindheit
- die schlechten Ausbildungsmöglichkeiten, als sie jung waren
- die augenblickliche Situation in der Familie und Verwandtschaft
- die unbefriedigende Situation am Arbeitsplatz
- die finanziellen Schwierigkeiten
- die unsicheren Zeiten
- das schlechte Wetter

Wenn Soldaten im US-amerikanischen Stützpunkt West Point ihren Dienst antreten, wird ihnen vor allem ein Satz eingebläut: „No excuses, Sir!" Es gibt keine Ausreden in diesem Leben. Es gibt keine Möglichkeit, sich zu drücken und gleichzeitig erfolgreich sein zu wollen, oder andere dafür verantwortlich zu machen, weil man die selbst gesteckten Vorgaben nicht erreicht hat.

Sie werden auf Ihrem Lebensweg immer wieder mit Personen zu tun haben, mit denen Sie über Ihre Ideen und Vorhaben sprechen. Es wird jene geben, die Ihnen zustimmen, und jene, die Ihnen abraten. Doch letztlich sind Sie selbst es, die mit Ihrer Ausstrahlung die Antworten „erzwingen". Wenn Sie euphorisch und optimistisch über ein neues Geschäftsvorhaben sprechen („ich stelle mir das so und so vor, und ich werde dies und das machen") wird Ihnen Ihr Zuhörer zustimmen: „Wenn es einer schaffen kann, dann du!" Wenn Sie zögerlich und mit leichtem Skeptizismus über eine mögliche RAAM-Teilnahme reden („aber ich weiß ja selber nicht, ob ich das kann, ob es gescheit ist"), dann wird Ihr Gegenüber abraten: „5000 km am Stück fahren, du bist ja verrückt!"

→ **Alles realistisch Vorstellbare ist in Ihrem Leben umsetzbar!**

Alles, was Sie glauben, passiert. Wenn Sie glauben, dass Sie es nicht schaffen, haben Sie Recht. Sie werden nämlich Umstände schaffen und Personen begegnen, die Ihnen bestätigen, dass Sie es nicht realisieren werden. Aber auch wenn Sie glauben, dass Sie es schaffen, haben Sie Recht.

Denn Sie werden Umstände schaffen und Personen begegnen, die Ihnen bestätigen, dass Sie es realisieren werden!

> → **Wählen Sie, was Sie glauben möchten** –
> weil dies passieren wird!

Negative Einflüsse sind letztlich nur dazu da, um überwunden zu werden und um Sie auf eine höhere Bewusstseinsebene zu führen. Lösen Sie Ihre Probleme nicht, indem Sie sie einfach auf andere abschieben, sondern indem Sie sich selbst mit Ihnen auseinander setzen. Bedenken Sie dabei, lösungsorientiert und nicht schuldorientiert zu handeln!

Äußere Einflüsse können Sie nicht annullieren und sollten Sie auch nicht verdrängen. Versuchen Sie indes die Situation, die aufgrund dieser Einflüsse entstanden ist, umzudeuten. Regen wird Ihren lang geplanten Wandertag ungemütlich machen, ein fieser Geschäftspartner wird versuchen, Sie übers Ohr zu hauen. Bleiben Sie gelassen. Denken Sie sich den Regen als ihren Freund, der Ihnen hilft, frisch zu bleiben. Denken Sie daran, dass es ohne Regen keine Vegetation geben würde, und ohne Wasser kein Leben. Denken Sie daran, dass Sie sehr gut vorbereitet in dieses geschäftliche Meeting gegangen sind und dass Sie sehr wohl wissen, dass Sie keine voreilige Unterschrift unter das Vertragswerken setzen sollen. Denken Sie an Ihre eigenen Stärken, an die Möglichkeiten Ihres eigenen Unternehmens. An Ihrem Selbstbewusstsein prallen äußere Einflüsse ab.

Auf dem Weg zu Ihren Zielen werden Sie weiters mit dem Erwartungsdruck von außen konfrontiert, der somit auch ein äußerer Einfluss ist. Ist die Erwartungshaltung Ihres Umfeldes zu hoch, können bei Ihnen Aggressionen, Verdrängungsgedanken und Versagensängste entstehen, Unsicherheit und Lustlosigkeit können sich breit machen. Sie befinden sich in einem negativen Grübelkreislauf und wünschen sich nichts sehnlicher, als dass der Wettbewerb oder das wichtige Meeting doch schon vorbei sein möge. Nichts wie weg von hier! Was für Sie zuvor wichtig war, worauf Sie sich vielleicht sogar freuten, wird zu einer reinen Pflichtübung. In Gedanken sind Sie schon wieder auf dem Weg raus aus dem Büro oder weg vom Wettkampf. Negatives Denken wirkt hemmend und lähmend: es ist wie eine Krankheit. Je länger man sie mit sich umherträgt, umso schwieriger wird es später, sie wieder los zu werden.

Rund um die Thematik „Erwartungsdruck" ist die Angst der zentrale Inhalt. Sie haben Angst, Erwartungen nicht erfüllen zu können. Der entstandene Erwartungsdruck führt nun zu einer Bewertung der Situation. Sie fragen sich, wie sich bestimmte Personen Ihnen gegenüber in kritischen Momenten verhalten, und Sie rufen Erfahrungen auf, die bis in Ihre Kindheit zurückreichen können.

Der Grübelkreislauf, eine Spirale, die Sie gedanklich kontinuierlich nach unten zieht, immer mehr in den Gedanken aufzugeben treibt, die Niederlage immer wahrscheinlicher erscheinen lässt und Sie immer weiter vom Sieg entfernt, muss durch einen Gedankenstop beendet werden. Dies können Sie mit sehr viel Selbstbeherrschung erreichen. Unterbrechen Sie Ihre negativen Gedankengänge wie zum Beispiel: „Wie denken andere über mich? Bin ich ein Versager? Mache ich mich nicht nur immer noch lächerlicher?" Sagen Sie beispielsweise innerlich STOP, ballen Sie die Faust und öffnen sie Sie dann wieder.

Bewerten Sie anschließend die gegebene Situation und die Meinung anderer um. Nichts wird sich ändern außer Ihrer persönlichen Einstellung zu Ihrer Umwelt. Nehmen Sie Verhaltensweisen Ihres Umfeldes nicht (immer) persönlich, sondern kommen Sie von der emotionalen Basis weg, hin zu einer sachlichen.

Übung 1

Schließen Sie die Augen und denken Sie an Situationen, die Ihnen in der Vergangenheit aufgrund äußerer Einflüsse immer wieder Probleme bereitet haben. Überlegen Sie sich, wie Sie diese Situationen umbewerten oder umdeuten und für sich selbst nützen können.

	Situation	Umbewertung
1		
2		
3		
4		
5		

Übung 2

Finden Sie Beispiele, weshalb vordergründig Negatives letztlich doch positiv sein kann. Denn egal wie die Situation ist, etwas Positives sollte man ihr immer abgewinnen können!

1 ____________________

2 ____________________

3 ____________________

4 ____________________

5 ____________________

Übung 3

Suchen Sie Argumente, weshalb ein besonderer Wettkampf, eine besondere Aufgabenstellung bei der Arbeit, eine besondere Verhandlung für Sie wichtig und gut ist. Verinnerlichen Sie diese Argumente und lassen Sie dieses sympathische Gefühl auf sich wirken!

Notizen

8

Unterbewusstsein, Visualisierung, Suggestion

8.300 m statt den Gipfelsieg

Ich erinnere mich an Gespräche während der Mt. Everest-Expedition, als wir im Basislager auf 6.400 m zusammensaßen, der Wind pfiff und mich meine Bergsteigerkollegen nervös machen wollten mit Schauergeschichten aus der Vergangenheit. Man sprach über Damals und Heute und Morgen, und zuweilen fielen Sätze wie: „8.300 m erreichen – das wäre schon was. Der Gipfelsieg ist dann nur mehr Zugabe." Oder: „Es ist ja schon super, hier zu sein!" Sprüche wie diese werden einfach so dahingesagt, selbstverständlich wollen alle den Gipfel erreichen, selbstverständlich ist man motiviert, es zu schaffen. Doch wer 8.300 m als vordergründiges Ziel angibt, wird es nicht auf 8.848 m schaffen. Im Unterbewusstsein prägt sich die erste zu erreichende Marke ein: Ziel erreicht, danke, auf Wiedersehen.

Das Unterbewusstsein spielt gerade bei mir als Extremsportler eine besonders wichtige Rolle. Wenn ich mir sagte, dass es heute nur schwer vorangeht, dass ich nicht den richtigen Rhythmus finde, dann erschwerte ich mir meine Aufgabe zusätzlich, weil die negativen Formulierungen ebenso wie die positiven Ansätze Nahrung für das Unterbewusstsein sind. Doch das Unterbewusstsein lässt sich auch steuern. Beim RAAM führte ich vor jeder Ruhe- und Schlafphase intensive Selbstgespräche. Ich redete auf mich und auf mein Unterbewusstsein ein: dass ich jetzt bald schlafen könne, dass es eine erholsame und ruhige Nacht würde, dass ich danach so frisch und munter sein würde, als hätte ich acht Stunden geschlafen. Ich manipulierte mein Unterbewusstsein. Als ich mich nach einer Stunde Schlaf wieder in den Sattel schwang, war mein Körper überzeugt, eine volle Nacht Erholung genossen zu haben.

Und noch ein Erlebnis vom Race Across America. 1998 war ich in Texas unterwegs, als die Temperatur auf 55 Grad Celsius kletterte. Prinzipiell vertrage ich große Hitze nicht sehr gut. Ich musste öfters pausieren. Während der Fahrt legte ich mir in Gedanken einen kühlen Mantel um, sagte mir, dass es angenehm frisch und kühl sei und dass ich mich wohl fühlte. Andere Konkurrenten mussten indes länger vom Rad. Schon zuvor hatte ich große gesundheitliche Probleme gehabt, sodass mir mein Arzt schon angekündigt hatte, mich am Abend aus dem Rennen nehmen zu wollen, wenn ich bis dahin nicht besser würde. Nun hatten die Worte Aufgeben und Abbrechen noch nie einen Stammplatz in meinem Vokabular. Doch erst nach der Ankündigung, dass diese RAAM-Teilnahme bald wieder vorbei sein könnte, setzte im Körper der Selbstheilungsprozess ein. Unterstützt durch meine mentalen Kräfte, die ein Aufgeben schon immer ausgeschlossen hatten (sofern meine Bemühungen nicht unrealistisch oder gesundheitsgefährdend waren), war ich am Abend wieder völlig gesund und voller Kraft und konnte die Konkurrenz weiter bestreiten.

Mentales Training ist gerade bei extremen Ausdauerleistungen ein wichtiger Schlüssel, vielleicht d e r Schlüssel zum Erfolg. Jeder trainiert seinen Körper ohnehin schon am Limit. Jeder Profi oder seriös agierende Halbprofi hat Zugang zu allen trainingsbegleitenden Maßnahmen, zu medizinischer, physiotherapeutischer, ernährungs- und sportwissenschaftlicher Beratung. Der Unterschied zwischen Sieg und Niederlage liegt im Kopf. Der unabdingbare, dauerhafte Glaube an den Erfolg ist im Hochleistungssport erste Voraussetzung, Platz eins überhaupt anstreben zu können. Dies gilt für ein Race Across America genauso wie für ein WM-Finale über 100 m, für einen olympischen Wettbewerb im Langlauf, Judo oder Basketball usw.. Wer nicht an den Sieg glaubt, wer sich vor seinem geistigen Auge nicht schon mit umgehängter Goldmedaille auf dem Podest sieht, wird es nicht schaffen.

Als ich mich auf mein Himalaja-Abenteuer 2001 vorbereitete mit dem Ziel, den Mt. Everest zu besteigen, visualisierte ich während des mentalen Trainings immer und immer wieder das Bild des erfolgreichen Gipfelsieges. Ich sah mich auf dem Dach der Welt stehen, spürte den kalten Wind, der versuchte, meine Bekleidung zu durchdringen, „roch" den Mt. Everest. Doch ich stellte mir auch vor, wie ich genauso langsam und bedächtig wie beim Aufstieg auch wieder zurück in das Basislager stapfte. Einige Ankersätze waren:

- Der Berg ist dein Freund, der es dir gestattet, auf ihn zu steigen.
- Du schaffst es, den Gipfel des Mt. Everest zu erreichen.
- Du wirst gesund in das Basislager zurückkehren.
- Der Berg ist dein Freund, er gibt dir Kraft.

Wichtig für mich war, dass diese positive Manipulation nicht mit der Realität kollidierte. Ich vermittelte meinem Unterbewusstsein nicht irreale Bilder, mich beispielsweise in einer Schwimmhose als einziges Bekleidungsstück am Gipfel sehend.

Anmerken will ich an dieser Stelle schon auch, dass Mentaltraining mit einem Eislauf auf sehr dünnem Eis vergleichbar ist. Fortschritte sind schwer messbar. Man darf sich nicht erwarten, dass die Visualisierungs- und Suggestionsübungen schnelle Erfolge zeitigen. Oft hat man den Eindruck, dass man lange übt für nichts. In dieser langen

Zeit brechen viele diese Art des Trainings ab. Es ist leicht zu sagen: „Alles Blödsinn.“ Ich sage: „Bleiben Sie dran, bis Sie Erfolg haben!“

→ **Finden Sie Ihre Schlagsätze für Ihre positive Grundeinstellung:**
- Ich bin gesund und habe Kraft!
- Ich bin erfolgreich und stark!
- Ich bin zufrieden und werde geliebt!

Wahrscheinlich ist das Unterbewusstsein der effizienteste Vorgang in unserem Körper, den wir besitzen. Es empfängt und bewahrt Sinneseindrücke, Empfindungen und Gedanken ohne Rücksicht auf Beschaffenheit, Inhalt und Wahrheitsgehalt. Sie können dem Unterbewusstsein vermitteln, was Sie wollen – aber es wird nur für das arbeiten, was Sie sich tatsächlich vornehmen. Wenn Sie zehn Kilometer laufen möchten, aber nach drei bereits zu rechnen beginnen und sich mit den Gedanken herumschlagen, dass sieben Kilometer heute auch reichen würden, dann werden Sie Ihr ursprüngliches Tagesziel mit Sicherheit nicht mehr erreichen.

Das Unterbewusstsein kontrolliert alle Lebensvorgänge und ist für das richtige Funktionieren des gesamten Organismus zuständig. Es arbeitet im Gegensatz zum Bewusstsein Tag und Nacht. Seine Speicherkapazität ist enorm, notiert alle Traumata, verarbeitet sie oder auch nicht. Es äußert sich durch Träume in der Nacht oder durch Geistesblitze, von denen wir nicht wissen, woher sie gekommen sind, bei Tag. Im Gegensatz zum Bewusstsein ist das Unterbewusstsein nicht auf Sachverhalte und logische Zusammenhänge angewiesen. Es beschert Ihnen die Albträume nach einem anstrengenden, nervösen und negativen Tag, oder nach einem Horrorfilm. Es transportiert Ihre Angst vor Kommendem und Unbekannten und kommuniziert es auf körperlicher Ebene: durch Schweißausbrüche, Zittern, Verkrampfung.

Das Unterbewusstsein ist durchwirkt mit Suggestionen aus der Kindheit. Zumeist sind diese negativ besetzt. Auch Sie werden Sätze gehört haben wie: „Setz' dir eine Haube auf, damit du nicht krank wirst. Pass auf die Autos auf, damit du nicht überfahren wirst. Steige nicht auf den Baum, sonst fällst du noch herunter. Halte dich vom Herd fern, sonst verbrennst du dir die Hand." In der Kindheit wird mehr Angst und weniger Selbstbewusstsein anerzogen, und die Gefahr besteht, dass Sie später mit Ihren Mitarbeitern auch über diesen Wortschatz kommunizieren: „Tun Sie das so und so, damit Sie nicht zu spät fertig werden, damit Sie keine Fehler machen, damit Sie sich nicht blamieren."

Sie sind in der Lage, Ihr Unterbewusstsein positiv oder negativ zu steuern. Es arbeitet mit Bildern – denken Sie nur an die Werbung. Werbung ist zwar nicht zu 100 Prozent messbar, wirkt aber über die von ihr generierten Bilder, die beispielsweise Freiheit, Erfolg oder Individualität symbolisieren, auf das Unterbewusstsein. Damals wie heute liegen die Wirkungsmechanismen der Werbung auf den Menschen zu einem Großteil im Dunkeln. Henry Ford würde unter anderem durch seinen Sager berühmt: „Ich weiß, die Hälfte meiner Werbung ist hinausgeworfenes Geld. Ich weiß nur nicht, welche Hälfte.")

Der Umstand, dass das Unterbewusstsein alles aufnimmt, macht das positive Denken so ungemein wichtig. Wählen Sie sorgfältig Ihre Worte. Ihr Unterbewusstsein glaubt, wenn Sie sagen: „Das kann ich mir nicht leisten." „Ich werde gekündigt." „Das kann nicht gut gehen." Dies sind Sätze, die für einen Augenblick auch ihre Berechtigung haben können. Wenn Ihr Bewusstsein aber pessimistisch, negativ, ängstlich, besorgt ist, erhält das Unterbewusstsein mehr negatives als positives Material: Lassen Sie nicht zu, dass dieses sich in Ihrem Unterbewusstsein eingräbt: es verwirklicht nämlich all Ihre Gedanken. Doch es geht auch umgekehrt: wenn Sie optimistisch und offen durch das Leben gehen, wenn Sie an Ihre Ziele und Visionen glauben, dann wird das Unterbewusstsein Ihre positive Lebenseinstellung fördern!

Das Unterbewusstsein kennt den Unterschied zwischen wahr und unwahr nicht. Was es als wahr und richtig akzeptiert, was Sie selbst als zu tun und zu lassen ausgeben, wird vom Unterbewusstsein hingenommen, ohne infrage gestellt zu werden. Wenn Sie an Gutes denken, wird das Unterbewusstsein auf Gutes fokussiert sein. Wenn Ihnen der Sinn nach Bösem steht, haben Sie mit den Abgründen Ihrer Seele einen Verbündeten.

Das Unterbewusstsein ist formbar. Gerade am Abend, vor dem Schlafengehen, in einem Augenblick, in dem der vergangene Tag absackt und der neue noch nicht omnipräsent ist, können Sie Ihr Unterbewusstsein positiv beeinflussen. Denken Sie an erfolgreiche und schöne Momente aus Ihrem Leben zurück. Denken Sie an jene Gefühle, die Sie hatten, als Sie Ihre Ziele schon einmal erreicht hatten, und spüren Sie das brennende Verlangen, diese wieder zu erreichen! Verknüpfen Sie diese Ereignisse mit den dazugehörenden Bildern, so realistisch und detailgetreu wie nur möglich. Hören Sie dabei gleichzeitig Ihre Lieblingsmusik im Kopf. Während Sie schlafen, beschäftigt sich Ihr Unterbewusstsein pausenlos mit den programmierten Thematiken. Sie wachen frischer, fröhlicher, optimistischer auf. Deswegen: Ein erfolgreicher Tag beginnt mit jenen Gedanken, mit denen Sie am Vorabend zu Bett gehen!

Eines ist klar: das Unterbewusstsein ist nie untätig, es registriert auch Gestik und Mimik. Wenn Sie es nicht mit Inhalten und Reizen füttern, die für Sie von Wichtigkeit sind, speichert es ab, was es vorgesetzt bekommt. Wenn Sie Ihre Freizeit mit „Gute Zeiten, schlechte Zeiten" oder mit einer sinnlosen Saufrunde im Wirtshaus verplempern, anstelle ein Buch zu lesen, ins Theater zu gehen, mit Freunden eine gute Zeit zu verbringen, dürfen Sie sich nicht wundern, wenn das Unterbewusstsein letztlich nicht mehr auf Ihre Ziele gepolt ist.

→ **Denken Sie bewusst positiv!** Denken Sie daran, dass Ihre Gedanken im Unterbewusstsein aufgezeichnet werden und Ihr Leben bestimmen!

Doch das Unterbewusstsein kann nicht nur prinzipiell positiv programmiert werden. Wenn Sie sich intensiv mit Ihrem Ziel, Ihren Zielplanungen und -kontrollen auseinandersetzen, wird das Unterbewusstsein diese Pläne abspeichern und dafür sorgen, dass Ihr ganzes Tun und Denken auf dieses große Ziel fokussiert wird. Wenn Träume wahr werden, ist das Unterbewusstsein einer der Hauptbeteiligten!

Das Unterbewusstsein spricht viel eher auf emotionale Beeinflussung als auf rationale Inhalte an. Positive Emotionen sind beispielsweise Verlangen, Glaube, Liebe, Freundschaft, Hoffnung, Begeisterung, Freude; negativ besetzt sind Angst, Eifersucht, Hass, Rachsucht, Gier, Aberglaube und Ärger. Es liegt in Ihrer Hand, den einen oder anderen Gefühlen den Vorzug zu geben und wenn nötig Ihre Gewohnheiten zu ändern: denken Sie positiv!

Weil das Unterbewusstsein emotional reagiert, ist es weiters unumgänglich, dass Sie Ihre Aussagen, Ziele, Visionen in Bilder kleiden und auf Formulierungen verzichten, die das Unterbewusstsein nicht kennt. Damit nähern Sie dem Bereich der Suggestion. Im Duden lautet die Definition von Suggestion: „geistig-seelische Beeinflussung durch gezieltes Erwecken bestimmter Vorstellungen, Ansichten, Gefühle o. Ä."

Stellen Sie sich vor, dass Sie auf einem Golfplatz in die Situation kommen, den Ball über – beispielsweise – ein Wasserhindernis schlagen zu müssen. Sie spielen vielleicht leidlich gut, doch in Krisensituationen werden Sie immer ein wenig unsicher. Wenn Sie sich nun gut zureden und sagen: „Ich schlage den Ball sicher nicht ins Wasser. Der Ball geht nicht ins Wasser. Ich werde nicht ins Wasser schlagen", so kennt Ihr Unterbewusstsein den Begriff „nicht" nicht.

Andere Länder, andere Tiere: ein australisches Zusammentreffen.

Momentaufnahmen der Crocodile Trophy:
der Kampf mit dem Gegner und den Umständen, ...

... die Unterstützung durch Doris, ein Augenblick der Meditation.

Im Duell mit Jure Robic (Nummer 8), ...

... doch der größte Gegner ist viel zu oft der innere Schweinehund.

Fahrrad-Ausflug mit Alain Prost (Mitte) und
mit einer Menge Spaghetti, die Fasching an einem Tag essen müsste, ...

... um den täglichen Kalorienbedarf beim RAAM decken zu können.

Nicht aufgeben, wenn es am Schwersten ist:
nach (fast) jeder Steigung kommt wieder ein Gefälle.

Wiesbauer
SCOTT

Wiesbauer

Wiesbauer
SCOTT USA
32

Bilder aus Amerika: in der Radsport-Langstreckenszene ist Wolfgang Fasching, dreifacher Sieger des RAAM, bekannt und populär.

Erfolgreich und einsam: mentale Strategien wie Selbstgespräche und …

... Suggestionen helfen über Momente der Krise hinweg.

Auf dem Weg zum Mt. Everest: an Ziele glauben,
Ziele nie aus dem Auge verlieren, täglich an Ziele denken!

Wiesbauer
Wiesb

Hubschauberpilot Wolfgang Fasching.

Jeder kann hoch hinaus, denn: Du schaffst, was Du willst!

Der Begriff „nicht" ist ein Abstraktum, er ist bildlich nicht darstellbar. Die Begriffe „Ball" und „Wasser" sind hingegen klar. „Ball" und „Wasser" sind im Gegensatz zu „nichts" Konkreta, Sie können sie also sinnlich wahrnehmen. Wissen Sie schon, wo das Spielgerät landen wird? Wenn Sie sich hingegen sagen: „Ich werde einen wunderschönen Schlag ausführen. Der Ball wird weit über das Wasser fliegen und direkt auf dem Green landen. Ich werde die Windverhältnisse in meine Berechnungen mit einbeziehen und der Ball wird nahe an der Fahne landen", dann kennt das Unterbewusstsein die Begriffe „Ball", „Green", „Fahne". Sie werden einen tollen Schlag spielen!

Ein anderes, negativ besetztes Beispiel. Stellen Sie sich ein Brett von rund 30 Zentimetern Breite und zehn Metern Länge vor, das vor Ihnen am Boden liegt. Sie werden kein Problem haben, darüber zu balancieren. Nun legen sie in Gedanken dieses Brett über einen Bach, der zwei Meter unter Ihnen fließt und den Sie überqueren wollen. Schaffen Sie es oder getrauen Sie sich nicht? Und was, wenn das gleiche Brett in zehn Metern Höhe liegt und dort eine Verbindung über die Schlucht von einem Hang zum anderen darstellt? Wagen Sie sich auf das Brett, oder steigen Sie auf der einen Seite hinunter und auf der anderen wieder hinauf?

Das Golfbeispiel oder der Überquerung der Schlucht sind unschwer auf andere Bereiche übertragbar. Wenn Sie eine Diät mit „nicht essen" gleichsetzen, haben Sie geringeren Erfolg als wenn Sie Diät unter „was-ich-zu-mir-nehmen-darf" laufen lassen. Beschreiben Sie Ihre neuen Essgewohnheiten so detailliert wie möglich, stellen Sie einen emotional positiven Konnex her! Wenn Sie an Ihre Ziele denken, formulieren Sie diese emotional und bildhaft! Gehen Sie zurück zum Kapitel „Ziele“, lesen Sie das dort Niedergeschriebene und stellen Sie sich dazu Bilder vor!

→ **Die Auseinandersetzung mit Ihrem Unterbewusstsein ist eine immerwährende Übung!** Denken Sie daran, dass es Tag für Tag darum geht, Ihre Macht über das Unterbewusstsein auszudehnen!

→ **Verantwortung für Ihr Leben** zu übernehmen bedeutet, Verantwortung für Ihr Unterbewusstsein zu übernehmen.

Sie alle kennen diese Situation. Da hat man sich etwas Wichtiges, schwer zu Erreichendes vorgenommen. Gewichtsverlust, eine höhere Durchschnittsgeschwindigkeit beim Laufen oder Radfahren, eine Zusatzarbeit, die ohne Zusatz-Aufwand nicht zu bewältigen ist. Das Ziel ist klar, der Glaube daran vorhanden, der gute Vorsatz da. Doch es wird schwer. Sie beißen sich fest. Diese Erkenntnis ist zwar keine Überraschung, aber auch keine Wohltat.

Und dann meldet er sich.

Er, das ist der innere Schweinehund, gegen den man so oft ankämpfen muss, zuweilen schon in der Früh beim Aufstehen („fünf Minuten länger geht schon noch, beeile ich mich eben im Badezimmer": wie oft drücken Sie auf Ihrem Wecker auf die Schlummertaste?), bei der Arbeit, bei den Hausaufgaben, in der Beziehung. Der innere Schweinehund ist der Widerstand auf dem Weg zur Realisierung des Ziels. Er muss bekämpft und geschlagen werden, wenn Sie Ihre guten Vorsätze nicht schleifen lassen wollen.

Wichtig ist, diesen inneren Schweinehund zur Kenntnis zu nehmen und seine Existenz zu begrüßen. Das heißt nicht, dass Sie träge werden sollen, um schließlich den guten Vorsatz ganz zu den Akten zu legen. In jenen Bereichen, die für Sie wichtig sind, müssen Sie kompromisslos sein und dem inneren Schweinehund Ihre Faust zeigen. In anderen Bereichen kann er indes ohne weiteres seine Berechtigung haben. Sie feiern bei sich zu Hause ein Fest mit Freunden: lassen Sie es sich gut gehen und schauen Sie nicht auf Kalorientafeln oder leere Weinflaschen! Sie haben Ihre Aufgaben gelöst, schlendern durch die Straßen Ihres Wohnortes und haben Lust auf ein Eis? Gönnen Sie es sich, warum auch nicht?

Immer wieder sehen Sie im Fernsehen, wie bei Alpinrennen oder bei Skispringen Sportler ihren Ritualen nachgehen. Da steht ein Slalomfahrer mit geschlossenen Augen im Hang und bewegt seine Hände vor der Brust: er durchfährt in Gedanken die Tore. Da steht der Abfahrer im Starthaus, bekreuzigt sich, fletscht die Zähne. Da sitzt der Skispringer auf dem Balken, kontrolliert die Schuhbindung links, dann rechts, zieht den Helmgurt nochmals an, reibt sich die Nase.

Rituale finden Sie auch im Arbeitsleben. Ein Verkäufer beispielsweise lächelt noch einmal sich selbst im Spiegel zu, ehe er der Kundschaft gegenübertritt. Ein Manager ballt jedes Mal die Faust, bevor er in ein Meeting geht: zur Wahrung der Konzentration, zur Fokussierung auf das Wesentliche. Vielleicht tragen auch Sie Ihren „Erfolgsanzug", Fliege statt Krawatte und gehen für wenige Minuten an die frische Luft, ehe Sie den Sitzungsraum betreten: wenn es Ihre Rituale sind, die Ihnen Erfolg versprechen, dann folgen Sie ihnen!

Durch die Rituale rufen Sie gespeicherte Suggestionen ab. Insofern bedient sich nicht nur Sport und Wirtschaft, sondern auch der Starkult oder die Werbung ihrer Dienste. Wenn Sie im Fernsehen Spots für ein bestimmtes Produkt sehen, es optisch und akustisch zuordnen können, den Slogan kennen, auch positiv gemachte Erfahrungen damit verbinden, dann haben Sie letztlich das große gelbe

M von McDonalds vor Ihrem geistigen Auge (Suggestion), wenn Sie nur den Slogan „I'm lovin' it" (Ritual) sehen und hören.

Übung 1 – Die Farbmeditation

Machen Sie es sich bequem, auf einem Stuhl, auf der Couch, auf dem Bett. Lesen Sie zuerst diesen Text, nehmen Sie ihn in sich auf und schließen Sie dann die Augen. Und dann gehen Sie den Text noch einmal durch.

→ Es gibt momentan nichts zu tun ... Zeit zur Entspannung ... Zeit für Ruhe und Gelassenheit … Sie liegen bequem … Sie spüren Ihren Körper, Sie nehmen ihn bewusst wahr … Sie nehmen jetzt Ihren Atem wahr … Sie atmen ruhig und gleichmäßig … es atmet ... Sie werden zum Beobachter Ihres eigenen Atems … Ihr Herz schlägt ruhig und gleichmäßig … Sie spüren es, wie ruhig und gleichmäßig es schlägt … einfach spüren: Ihr Herz schlägt ruhig und gleichmäßig. Sie können jetzt gleich tiefer sinken … sinken in einen Zustand der Ruhe und Entspannung …. es atmet sie ... Ihr Herz schlägt ruhig und gelassen ... alle Gedanken versinken ganz weit … Sie entspannen sich jetzt ein wenig … Sie sinken immer tiefer und tiefer in diesen wunderbaren Zustand der Ruhe und Entspannung … Nichts ist mehr wichtig, nur da sein ... Sie spüren jetzt, wie Sie immer ruhiger und ruhiger werden … Sie beobachten Ihren Atem … und Ihr Herz, wie es immer ruhiger und ruhiger schlägt … einfach nur da sein, einfach nur wahrnehmen …

→ Sie atmen jetzt bewusst ganz tief ein … und während Sie ausatmen sehen Sie die Farbe ROT … ganz deutlich sehen Sie dieses kräftige ROT vor Ihrem geistigen Auge … die Farbe ROT … und während Sie dieses ROT immer deutlicher wahrnehmen, entspannen Sie die Muskeln in Ihrem Gesicht … alle Muskeln in Ihrem Gesicht sind ganz locker und gelöst und ganz entspannt … vor Ihrem geistigen Auge sehen Sie die Farbe ROT … alle Muskeln in Ihrem Gesicht sind ganz locker, ganz gelöst und entspannt …

→ Sie atmen jetzt ganz bewusst ganz tief ein … und während Sie ausatmen sehen Sie die Farbe GELB … ganz deutlich sehen Sie dieses kräftige GELB vor Ihrem geistigen Auge … die Farbe GELB … und während Sie dieses GELB immer deutlicher wahrnehmen, entspannen Sie Ihren Nacken und Ihre Schultern … alle Muskeln im Schulter- und Nackenbereich sind ganz locker und gelöst und ganz entspannt … vor Ihrem geistigen Auge sehen Sie die Farbe GELB … alle Muskeln Ihres Nackens und Ihrer Schulter sind ganz locker, ganz gelöst und entspannt …

→ Sie atmen jetzt wieder ganz bewusst tief ein … und während Sie ausatmen, sehen Sie die Farbe GRÜN … ganz deutlich sehen Sie dieses kräftige GRÜN vor Ihrem geistigen Auge … die Farbe GRÜN … Und während Sie dieses GRÜN immer deutlicher sehen, entspannen Sie Ihren Brustkorb und Ihren Rücken … Sie spüren, wie alle Verspannungen aus dem Brust- und Rückenbereich von Ihnen weichen … alle Muskeln werden ganz locker, ganz gelöst und entspannt … Sie spüren jetzt, wie Sie immer tiefer und tiefer sinken in diesen wunderbaren Zustand der Ruhe und Entspannung … Ruhe … Gelassenheit … Schwerelosigkeit … Alles ist gut … alles ist perfekt, so wie es ist … vor Ihrem geistigen Auge sehen Sie die Farbe GRÜN …

→ Sie atmen wieder tief ein … und während Sie ausatmen, sehen Sie die Farbe BLAU … ganz deutlich sehen Sie vor Ihrem geistigen Auge dieses kräftige BLAU … Und während Sie dieses BLAU ganz klar vor Ihrem geistigen Auge sehen, entspannen Sie Ihre Arme und Hände, Ihre Beine und Füße … Ihre Hände und Arme, Ihre Beine und Füße sind jetzt ganz schwer und entspannt … Sie spüren ganz deutlich die Schwere Ihrer Arme und Hände, Ihrer Beine und Füße … vor Ihrem geistigen Auge sehen Sie die Farbe BLAU … und Sie sinken immer tiefer und tiefer in diesen Zustand der Stille und Entspannung … Sie spüren dieses angenehme Gefühl ganz deutlich an Ihrem ganzen Körper … Alles ist gut … alles ist schön …

→ Sie atmen jetzt wieder ganz tief ein … und während Sie ausatmen, sehen Sie die Farbe LILA … während Sie dieses LILA ganz deutlich sehen können vor Ihrem geistigen Auge, spüren Sie, wie alle Muskeln Ihres Körpers ganz locker werden … ganz entspannt … alle Gedanken versinken ganz weit … nichts ist mehr wichtig … nichts kann Sie mehr berühren … tiefer sinken … tiefer sinken … Stille … Lockerheit … Entspannung …

→ Sie atmen jetzt noch einmal ganz tief ein ... und während Sie ausatmen, sehen Sie die Farbe VIOLETT ... ganz deutlich sehen Sie dieses kräftige VIOLETT vor Ihrem geistigen Auge ... Sie spüren die absolute Stille ... die absolute Entspannung ... Alles ist gut ... alles ist gut ... In diesem Zustand der absoluten Stille und Entspannung verdichtet sich jetzt vor Ihrem geistigen Auge ein Bild, das Ihnen selbst persönlich sehr gut gefällt, beispielsweise das Bild eines Meeresstrandes ...

→ Sie können nun einen unbeschwerten Urlaubstag auf einem weißen Palmenstrand verbringen ... Sie sehen vor sich die mächtigen Palmen ... ihre Blätter werden vom Wind hin und her geweht ... Sie hören das leise Rauschen des Meeres ... Sie sehen das Glitzern der Sonne auf der Meeresoberfläche ... Sie entspannen sich ... Sie sind zufrieden und glücklich ... Alles ist gut ... alles ist entspannt ... ein unbeschwerter schöner Urlaubstag liegt nunmehr vor Ihnen ... Sie sind einfach glücklich ...

→ Es ist wie es ist ... es ist gut, so wie es ist ... Sie möchten sich jetzt am weißen Strand etwas ausruhen ... Sie schließen Ihre Augen ... Während Sie Ihre Augen schließen, sehen Sie ganz deutlich in einem Traum Ihr Ziel vor Augen ... dieses Bild eines Ziels verdichtet sich jetzt ... es wird immer schärfer und schärfer ... Sie können dabei Schritt für Schritt beobachten, welchen Weg Sie gehen müssen, um dieses Ziel mit Erfolg zu erreichen ...Sie gehen dieses Szenario Schritt für Schritt mit ... Ihr entspannter Traum an diesem Urlaubstag am Meer zeigt Ihnen den Weg zu Ihrem Ziel ... Sie spüren die Freude, die in Ihnen hochkommt ... es gibt jemanden, der den Weg zu Ihrem Ziel kennt und ihn Ihnen zeigt ... Freude und Dankbarkeit erfüllen Ihr ganzes Sein ... Sie sehen die Vollkommenheit des Weges und jetzt auch die Realisierung Ihres Ziels ... die Freude wandelt sich in ein absolutes Glücksgefühl ... Ganz deutlich sehen Sie das erreichte Ziel vor Augen ... unbändige Kraft, Glück und Zufriedenheit durchströmen Ihr ganzes Sein ... Sie sind unendlich dankbar dafür ... Glück ... Freude ... Zufriedenheit ... Gesundheit ... innerer und äußerer Reichtum ... das sind von nun an Ihre ständigen Begleiter ...

→ Langsam ... langsam verblasst dieses Bild wieder aus Ihrer Traumlandschaft ... Sie liegen wieder am weißen Palmenstrand ... Sie spüren den Sand unter Ihrem Körper ... und die zarten Wogen des Meeres ... die zarten Wogen des Meeres umspülen nach wie vor Ihre Beine und Füße ... Sie liegen einfach da ... Sie genießen es in vollen Zügen ... Ruhe und Entspannung sind die dominierenden Themen dieses Urlaubstages ... Auch dafür sind Sie sehr dankbar ... Sie sehen das Glitzern der Sonne auf der Wasseroberfläche ... Sie spürten den warmen Wind auf Ihrer Haut ... Sie spüren das Sonnenlicht, die Wärme auf Ihrem Gesicht und auf Ihrem ganzen Körper ... Langsam ... ganz langsam verblasst das Bild dieses Sommertages vor Ihrem geistigen Auge ... Sie nehmen jetzt wieder Ihre Umgebung wahr ... Sie fühlen Ihren ganzen Körper ... Sie kehren langsam zurück in das Hier und Jetzt ...

→ Öffnen Sie bei drei Ihre Augen. Eins: Aktivieren Sie Hände und Füße, Arme und Beine; zwei: Strecken Sie Ihren ganzen Körper durch; drei: öffnen Sie die Augen und seien Sie wieder, voller Freude und Tatendrang, im Hier und Jetzt.

Übung 2

Machen Sie es sich wieder bequem und lesen Sie in aller Ruhe folgenden Text. Dann schließen Sie wieder die Augen und begeben sich auf Wanderschaft …

→ Du schaffst es … Du schaffst alles ... Du schaffst es ... leicht … locker zuversichtlich … sicher. Du schaffst es ... Es ist ein Spiel, bei dem alle gewinnen … vor allem aber du … Du wirst wieder siegen, denn du bist eins … eins mit der unendlichen kosmischen Energie … Du bist Teil des Ganzen … Teil dieser unendlichen Energie, aus der du schöpfen kannst, was du brauchst ... Du schaffst es ... Der Berg ist dein Freund … Ein Freund, der es dir gestattet, auf ihm hinaufzusteigen … ganz leicht … Du schaffst es … den höchsten Punkt des Berges zu erreichen … Du kennst das Glücksgefühl, wenn du da oben stehst … Du spürst es, und dieses Gefühl beflügelt dich, hinaufzusteigen … ganz nach oben … ganz leicht und zielsicher … es ist schön … es ist wunderschön. Du schaffst es … Du schaffst es ... Du hast die Energie, die du brauchst, um dein Ziel zu erreichen … um all deine Ziele zu verwirklichen ... Energie … Kraft … Ausdauer … Du schaffst es.

→ Atme tief ein … atme tief ein … atme tief ein …

→ Gesundheit ... Wohlergehen ... Zuversicht ... Gesundheit ... Du schaffst es ... Stärke ... Gelassenheit ... Gesundheit ... Erfolg ... Gesundheit ... Zufriedenheit ... Schönheit ... Du schaffst es .... es ist alles gut ... Gesundheit ... Kraft ... Ausdauer ... Glück ... Gesundheit ... Wohlergehen ... Zufriedenheit ... Du schaffst es ... Du schaffst es ... Mit jedem Schritt, mit jedem Atemzug nimmst du mehr und mehr Energie auf ... Energie, die du brauchst, um dein Ziel zu erreichen ... Energie, die dir die Kraft und die Ausdauer gibt, auf den Gipfel des Berges zu kommen ... Alles, alles ist gut ... Du atmest diese universelle Lebensenergie voll und ganz ein ... nimmst sie auf in jede Zelle deines Körpers ... und sie treibt dich voran ... wie von selbst ... hinauf ... immer höher hinauf auf den Berg ... es ist ein wunderschönes Gefühl, so knapp vor dem Ziel zu sein ... das Ziel vor und im Auge zu haben ... Kraft ... Ausdauer ... Geschicklichkeit ... Sicherheit ... sie alle sind deine Begleiter zu diesem einmaligen Ziel ... deinem Freund, den Berg ... auch wenn es manchmal ein wenig anstrengend ist, doch diese Anstrengung ist schön ...sie ist eine Begleiterin zu deinem Ziel ... aber du bist erfüllt von dieser kosmischen Kraft ... Du nimmst sie mit jedem Atemzug in dich auf ... gefüllt mit jener Energie, die dich immer weiter nach oben führt … geschickt und fast von selbst wählst du deinen Pfad zum Ziel, sodass du dort sicher und wohlbehalten und gesund ankommst … es ist schön … es ist wunderschön … es ist, als ginge man nach Hause mit der Sicherheit und Geborgenheit des Ganzen … Angenehme Stille umgibt dich … nur begleitet von dem Rauschen des Windes, der dein Wegbegleiter sein wird hinauf zum großen Ziel … Er ist ein Teil der Energie des Ganzen … nütze ihn, er wird dir helfen ... Du schreitest voran … unaufhaltbar … zu deinem großen Ziel … den Gipfel des Berges zu erreichen … die allumspannende Energie beschützt dich auf deinem Weg dorthin und dass du gesund und wohlbehalten wieder nach Haus kommst ... Du siehst dich bereits oben auf dem Gipfel … Du fühlst das Glück, das in dir ist, wenn du dein Ziel erreicht hast … es macht dir den Weg zu diesem großen Ziel noch ein Stück leichter… Und du bist unendlich dankbar für dieses Geschenk … dass du dieses Ziel erreichen darfst … Du bist gut … du bist sehr gut.

→ Du schaffst es dieses große Ziel, den Gipfel des Berges zu erreichen … sicher … wohlbehalten … und gesund. Mit jedem Schritt atmest du mehr von dieser Energie ein, die du brauchst, um dieses Ziel zu erreichen … Kraft … Gesundheit … Zuversicht … Stärke … Ausdauer … Mentalkraft. Sie begleiten dich hinauf auf den Berg … sind stets an deiner Seite … sie sind deine Freunde … wie der Berg selbst. Du spürst die Energie, die deinen ganzen Körper durchdringt … die ihn aufbaut und die ihm die Kraft gibt, den Gipfel des Berges zu erreichen … jede Zelle deines Körpers ist erleuchtet von dieser wunderbaren Energie … sie treibt dich voran ... sie gibt dir Kraft … sie gibt dir die unendliche Kraft, die du brauchst, diesen Weg erfolgreich zu beschreiten ... Du bist bald da … Du hast es bald geschafft … Kraft … Ausdauer … Zuversicht … Durchhaltevermögen … sie sind stets in dir … sind wahre Freunde, die dich auf dem Weg zum Ziel begleiten … ein unglaubliches Glücksgefühl breitet sich in deinem ganzen Körper aus … es ist ein wunderschönes Gefühl, Erfolg zu haben … und du stehst kurz davor, den absoluten Erfolg zu haben … ein Teil dieser Natur … in dieser Natur … Du bist am Ziel deiner Träume angelangt …

→ Es ist vollkommen ... Es ist einfach schön ... Ein Erlebnis, um das du dich selbst beneidest … rein … schön … vollkommen

→ Öffnen Sie bei drei wieder die Augen. Eins: strecken Sie Arme und Beine. Zwei: Strecken Sie Ihren Rücken durch. Drei: Öffnen Sie Ihre Augen, seien Sie ganz im Hier und Jetzt.

→ **Der Mensch ist das Produkt seiner Gedanken.**
Glauben Sie an den Energietransfer: tanken Sie Energie, bekommen Sie Energie!

Ein Bild sagt mehr als tausend Worte, und Bilder, die aus Ihrem eigenen Kopf kommen, Bilder, die sie selbst gemacht haben, sind wertvoller als ein ganzer Roman! Wir alle denken zwar in Bildern, nur ist es uns eigentlich nicht oft bewusst. Dies ist umso bedauerlicher, weil wir uns durch bildhaftes Denken positiv oder negativ polen können.

Es geht um Ihr ganz persönliches Kino, mit all Ihren Erlebnissen der Vergangenheit, mit all Ihren Visionen und Träumen der Zukunft. Es ist der Film Ihres Lebens, und das Schöne daran: Sie kennen bereits den Ausgang des Films! Ihr inneres Kino ist eine Farbmeditation in 3D. Sie sehen, hören, spüren, fühlen alles. Es ist Ihr Kino, und Sie sind der Hauptdarsteller!

Wie Sie bereits gemerkt haben, lege ich in diesem Buch großen Wert auf das bildhafte Denken. In den praktischen Übungen sollen Sie immer wieder die Augen schließen und sich Ereignisse oder Szenen möglichst detailgetreu vorstellen. Hier nun geht es um die „Mutter aller Bilder", um das Ruhebild.

Das Ruhebild ist eine Technik zur Regulierung des Spannungsbarometers. Auf der Skala der Spannung befinden Sie sich nämlich zwischen den Extremen „Tiefschlaf" und Panik. In der Mitte liegt das optimale Spannungsniveau, das im Sport nach Mihaly Csikszentmihalyi auch „Flow-Zustand" genannt wird. Das Ruhebild kommt dann zur Anwendung, wenn Ihr Spannungslevel zu hoch ist und Richtung Panik zeigt. Es kann sein, dass eine Konferenz sie geistig überlastet und Sie den Faden verlieren, dass eine wichtige Prüfung für Sie zu schwierig erscheint und Sie fast in Panik geraten, dass wichtige Entscheidungen, die zukunftsweisend sind, anstehen und Sie sich vor dem Ausgang fürchten.

In diesen Augenblicken benötigen sie ein Instrument, das Sie von Druck und Stress befreit und das Ihnen ermöglicht, wieder gelassen und klar zu denken. Das Ruhebild ist die intensive Vorstellung einer wirklichkeitsgetreuen, entspannenden, erholsamen Situation. Um diese innerlich nachvollziehen zu können, ist es wichtig, dass möglichst viele Sinnesorgane in diese Vorstellung miteinbezogen werden. Bedeutsam ist die emotionale Wiedererinnerung an diese Situation sowohl über die klassische Konditionierung als auch über die Wahrnehmung des Körpergefühls in bestimmten Positionen, z.B. beim Liegen oder währenddessen Sie sich bewegen (kinästhetische Empfindungen). Somit handelt es sich beim Ruhebild um einen Wiedererinnerungsprozess, der über verschiedene Schienen abläuft. Wenn es Ihnen gelingt, ein Ruhebild wirklichkeitsgetreu erleben zu können, sind Sie mit Ihren mentalen Fertigkeiten einen großen Schritt weitergekommen. Sie können nunmehr bei jedem Anzeichen von Unruhe über ein Schlagwort, beispielsweise BILD, Ihr Ruhebild aktivieren und Ihren optimalen Spannungsbereich einregeln.

Die Optik

Sie müssen lernen, Ihre Umgebung, die Gegenstände, die Verhandlungspartner oder die Konkurrenten genau zu betrachten, sie mit geschlossenen Augen zu fokussieren. Um die erwünschte Wirkung eines Ruhebildes herbeizuführen, schließen Sie die Augen und stellen sich eine entspannende Situation vor, beispielsweise einen Ausflug in den Bergen, einen Tag am Strand, einen Sonnenunter- bzw. -aufgang. Prägen Sie sich die Farben auf das Genaueste ein, und wenn Sie Ihre Eindrücke verstärken wollen, dann können Sie das Ruhebild auch zeichnen.

Die Akustik

Sie haben Ihr Ruhebild im Kopf: nun hören Sie in dieses hinein! Lernen Sie, in einer prinzipiell reizüberfluteten Gesellschaft, Ihr Sinnesorgan wieder neu zu gebrauchen. Nehmen Sie bewusst das Rauschen der Wellen bei Ihrem Strandspaziergang wahr, oder das Zwitschern der Vögel im Wald.

Der Tastsinn

Sie entwickeln Ihr Ruhebild immer weiter, sehen und hören es. Nun sollen Sie es auch fühlen! Über den Tatsinn spüren Sie, wie sich der Sand unter Ihren Füßen anfühlt, und welche Beschaffenheit haben die Rinden an den Bäumen? Jenes Objekt, das Ihnen am wichtigsten ist, soll genau ertastet und wahrgenommen werden: wie liegt der eigene Körper in der Entspannungsposition auf, wie fühlt sich die

Decke an, auf der er liegt, wie sind die Schuhe, in denen Sie bei Ihrer Wanderung stecken? Und wie ist Ihre Lieblingskleidung?

Der Geruchsinn

Über den Geruchsinn soll Meeres- oder Waldluft ganz bewusst wahrgenommen werden. Es ist die Luft des Ruhebildes, und Sie sollten die Frage beantworten, welcher Duft auf Sie entspannend wirkt, welcher zu süß oder zu herb ist. Die Augen bleiben geschlossen: Sie werden erkennen, dass Sie später in der Realität imstande sind, mehr zu riechen!

Der Geschmacksinn

Sie sehen sich in Ihrem Ruhebild ein Glas Wein oder einen Orangensaft trinken? Sie schlecken an einem Eis? Welchen Geschmack haben diese verschiedenen Lebensmittel? Bestimmte Nahrungsmittel wirken eher entspannend, andere eher erfrischend. In welche Richtung tendieren Sie? Überprüfen Sie dies auch bewusst in der Realität!

Die Sinne sollen sich gegenseitig unterstützen, um das erwünschte Empfinden von Körper und Geist herbeizuführen. Die Qualität der einzelnen Sinnesorgane und Ihre Vorstellungskraft sind letztlich entscheidend über die Qualität des Ruhebildes. Was entsteht, ist das so genannte „gute Gefühl".

Denken Sie an das Ruhebild „Liegen am Strand". Sie stellen sich Ihre Umgebung möglichst detailliert vor, denken an die Farbe des Himmels und des Meeres, an den Stand, die Sonne, an die Schiffe, die Sie sehen (Optik). Sie hören die Wellen rauschen, den Wind blasen und das Gekreische einer Möwe (Akustik). Sie spüren den warmen Sand unter ihren Beinen und wie sich die Körner zwischen Ihre Zehen schieben (Tastsinn). Sie riechen die Meeresluft und den schweren Rotwein, der in einem Glas in Ihrer Hand ist (Geschmacksinn). Sie fühlen sich eins mit Ihrer Welt, frei, glücklich und zufrieden (Emotionen).

Konzentrieren Sie sich auf dieses Bild, genießen Sie es, achten Sie dabei auf die Reaktionen des Körpers, wie er ruhig und schwer wird, wie sich die Muskeln lösen, wie die Gesichtsmuskeln sich entspannen, wie Sie sich einfach wohl fühlen. Und dann kommen Sie wieder langsam in die Gegenwart zurück. Nun sind Sie erholt und bereit, Ihre anstehende Aufgabe zu bewältigen.

Je öfter Sie diese Übung machen, umso schneller gelingt es Ihnen, das Ruhebild aufzurufen, sich in diesem zu entspannen und sofort wieder in der Gegenwart zu sein, nur erholter, entspannter, ruhiger.

(Und nun einmal andersrum. Wenn Sie sich eine negative Vision vorstellen, weil Sie beispielsweise an Höhenangst leiden oder an Klaustrophobie: wie reagiert nun Ihr Körper?)

Notizen

9

Gedanken und Selbstgespräche

Selbstgespräche auf 8.500 m Höhe

Wenn ich stundenlang auf dem Rad sitze, schweifen meine Gedanken. Ich denke an die letzten bewältigten Hürden, blicke voraus auf die nächsten Herausforderungen. Wenn ich einen Vortrag gehalten habe und ich mit meinem Auftritt zufrieden war, gehen mir auch einige Gedanken durch den Kopf.

In beiden Fällen kann es sein, dass ich mich nicht nur gedanklich, sondern verbal und vielleicht auch für andere hörbar lobe: „Wolfgang, toll, wie du förmlich über den letzten Berg geflogen bist." „Wolfgang, das war wieder ein gelungenes Seminar!" Ich weiß, in der Öffentlichkeit hat man leicht das zweifelhafte Renommee einer arroganten, selbstherrlichen Person – doch bei sich daheim, allein, vor dem Spiegel etwa, soll man, muss man sich loben! Ganz wichtig für mich ist dabei, dass der eigene Name vorkommt: Mein Name ist im Zusammenhang mit meinen Leistungen das wichtigste Wort.

Ganz intensiv erlebte ich die Macht des Selbstgespräches 2001 am Mt. Everest. Während wir im Basislager auf gutes Wetter für den Aufstieg warteten, die Tage lang und die Abende noch länger wurden, wurden Erfahrungen und Anekdoten aus den verschiedenen Bergsteigerleben ausgetauscht. Meistens ging es um Abstürze von Kameraden, gescheiterten Expeditionen oder abgefrorene Körperteile. Ich nahm wahr, wie sehr mich diese Geschichten belasteten und verließ zumeist die Runde, wenn einer meiner Kollegen wieder mal von der Vergangenheit erzählte.

Als wir dann zum letzten Aufstieg aufbrachen, geriet ich auf 8.500 m in einem Gipfeleisfeld in eine brenzlige Situation. Da sich Schnee und Eis an meinen Steigeisen festgeeist hatten, begann ich zu rutschen. Erst nach einigen Versuchen gelang es mir, mit meinem Eispickel auf einem endlosen und steilen Schneefeld Halt zu finden. Ich wagte es nicht, mich von der Stelle zu rühren. Angstgefühle stiegen hoch und ich begann, mit mir selbst zu sprechen. Ich sagte mir: „Der Berg ist mein Freund. Ich werde gesund den Gipfel und dann wieder das Basislager erreichen. Ich bin erfolgreich und stark. Und ich werde nun schnurstracks zum Sicherungsseil gehen." Die Selbstgespräche brachten mir meine Souveränität zurück. Ich stapfte die 50 Meter zum Sicherungsseil und hakte mich ein. Ich hatte die Angst besiegt.

Nehmen Sie sich einen Satz des großen Philosophen Arthur Schopenhauer zu Herzen:
→ **„Der Mensch ist das Produkt seiner Gedanken!"**

In meiner Zeit als Amateur-Radrennfahrer hing ich jedoch anderen Gedanken nach. Bei Massenankünften hatte ich geringe Chancen, da ich nicht gerade ein Sprint-Ass war. Deswegen wusste ich bei einigen Wettbewerben schon im Vorfeld, dass heute nicht mein Tag sein würde. Meine Gedanken waren: ‚Hoffentlich komme ich mit dem Hauptfeld über diesen Berg drüber und reiße nicht ab. Hoffentlich überstehe ich die erste Runde.' Immer wieder redete ich mir ein, dass ich ohnehin kaum Chancen auf einen Podestplatz hätte, dass meine Möglichkeiten gegen Null tendierten. Der Misserfolg war programmiert, und das war logisch wie eine mathematische Gleichung: negatives Denken ergibt erfolgloses Handeln. (Heute denke ich anders, heute orientiere ich mich nach vorne!)

Heute frage ich mich, warum ich mich damals so verhielt. Wahrscheinlich, weil ich es nicht besser wusste oder konnte. Heute bestreite ich meine Projekte immer mit einer positiven Erwartungshaltung. Meine Gedanken sind optimistisch-aktiv, immer wieder suggeriere ich mir:

- Ich denke immer nur positiv!
- Ich glaube an meinen Erfolg!
- Ich trainiere mit Freude und Disziplin!
- Ich bin stark und erfolgreich!
- Ich fühle mich stark und sicher!
- Dank meiner positiven Gedanken meistere ich jede Situation!
- Heute ist mein Tag!

Selbstgespräche sind innere Dialoge, in denen Personen, ausgehend von Empfindungen, Gefühlen und anderen Wahrnehmungen, Bewertungen oder Handlungspläne regulieren und verändern (Antizipationsphase) und sich selbst instruieren (Realisationsphase) oder verstärken (Interpretationsphase). Unterschieden wird bei Selbstgesprächen zwischen positiver und negativer Konnotation (=Nebenbedeutung), bei der Sie Situationen und/oder Personen bereits final (positiv oder negativ) bewerten, und zwischen Orientierung, die sich wiederum in Aufgabe und Motivation teilt.

Wie im Umgang mit anderen Personen sollten Sie auch darauf achten, wie Sie mit sich selbst sprechen. Denn Selbstgespräche passieren, ob bewusst oder unbewusst, und sie sind eine weitere Form unserer täglichen Beeinflussung.

Wenn Sie bewusst an Ihre Selbstgespräche denken, werden Sie nicht umhin kommen, mehr negative als positive Selbstgespräche festzustellen. Zumeist beschimpfen Sie sich selbst, weil Ihnen dies oder das widerfahren ist oder weil Ihnen dies oder das nicht gelungen ist. Selbstlobende Worte sind Mangelware. Sagen Sie sich, nachdem Sie aufgestanden sind und vor dem Spiegel stehen: „Heute wird ein guter Tag" (und fügen dann Ihren Namen an).

Selbstlob stinkt bekanntlich, und dies stimmt auch, wenn Sie sich andauernd besser darstellen, als Sie eigentlich sind. Doch die richtige Portion Selbstlob kann Ihnen nicht schaden! Die eigene verbale Unterstützung Ihrer Handlungen und Ideen macht Sie sicherer in Ihrem Auftreten, redet Ihre Ziele herbei. Auch Genesungen und Heilungsprozesse können „herbeigeredet“ werden!

Übung 1

Führen Sie jeden Tag ganz bewusst Selbstgespräche, beispielsweise im Badezimmer während des Rasierens oder Duschens. Formulieren Sie Ihre Ziele des Tages in optimistisch-aktivem Vokabular!

Notizen

10

Konzentration und Regeneration

Mein Gott, die anderen ...

Als ich das erste Mal beim Race Across America war, schrieben wir das Jahr 1996. Ich war 28 Jahre alt und ein Greenhorn, ein Rookie. In Irvine, einem Vorort von Los Angeles, Kalifornien, komme ich aus dem Staunen nicht mehr heraus. ‚Schau, der Fahrer da, was der für Muskeln hat. Und: dieser da, mein Gott, der hat ein Rad, das ist fünfmal besser als meines und dreimal leichter. Und dieser da, der hat einen Tross an Begleitern. Bei der Fahrer-Vorstellung macht da wieder ein anderer nie gesehene Stretching-

Übungen, mit geschlossenen Augen. Von den ganzen Eindrücken wird mir ein wenig mulmig. Was soll ich denn hier? Ich kenne das Rennen nicht – noch nie bestritten. Ich habe das schlechtere Rad, das kleinere Auto, die unerfahrenere Crew, kenne die neuesten Dehnübungen nicht.'

Weil ich mich ganz auf die anderen konzentrierte, wurden meine eigenen Stärken schwächer. Ich demontierte mich selbst. Und auch dies ist eine Weisheit im Sport wie im Leben: wenn man selbst schwächer wird, werden die anderen stärker.

Im Jahr 1999 lag ich 250 Kilometer vor dem Ziel in Führung, mit einem akzeptablen Vorsprung. Doch es war das Jahr, in dem schon einiges nicht nach Wunsch gelaufen war. Ich war nervös. Immer wieder fragte ich bei meiner Mannschaft nach, wie weit denn der US-Amerikaner Danny Chew zurück liege, und er kam immer näher. Mein Unterbewusstsein arbeitete nicht mehr für meinen eigenen Erfolg, sondern wartete, dass uns Chew endlich ein- und überholen würde. So, wie es letztlich auch geschah. Hätte ich einige Minuten pro Stunde auf den Amerikaner verloren, hätte das meinen Sieg nicht gefährdet. Doch Chew realisierte, dass ich zumindest mental in der Krise steckte und holte schneller auf, als er das wahrscheinlich getan hätte, hätte er von meiner Krise nichts gewusst. Ich schenkte ihm meine Konzentration und damit auch meine Energie.

Als er – endlich – an mir vorbei gezogen war, fiel eine Last von meinem Herzen. Das Unterbewusstsein entledigte sich ebenfalls des Gespenstes Chew und gemeinsam fokussierten wir wieder auf das, weswegen wir überhaupt da waren: auf den Sieg. Bis ins Ziel blieb es ein packender Zweikampf, der letztlich Chew wegen läppischer 72 Minuten Vorsprung als Sieger sah.

Die Berechtigung, mit einem Hubschrauber zu fliegen, habe ich schon vor einigen Jahren erhalten. Ende 2005 machte ich weitere Prüfungen, um einen größeren Typ fliegen zu dürfen. Auch – oder gerade - in diesem Bereich des Fliegens ist Konzentration unumgänglich. Zu Beginn meiner ersten Flugstunden stand ich vor der Herausforderung, das Fluggerät ruhig in der Luft zu halten; es sackte mir immer nach rechts oder links weg. Da erhielt ich einen wertvollen Tipp: sich auf das zu konzentrieren, was man anfliegen will. Als ich meine Gedanken auf jenen Punkt in der Landschaft fokussierte, den ich ansteuern wollte (und somit nicht mehr ausschließlich bewusst pilotierte), wurde der ganze Flug auf einmal ruhiger und angenehmer.

Doch jede Konzentration geht einmal zu Ende. Immer dann, wenn ein großes Projekt vor dem Abschluss steht, oder wenn der Urlaub naht, ist ein automatischer Leistungsabfall ersichtlich. Bei meinen Race Across America-Teilnahmen habe auch ich jedes Mal eine besondere, exklusive Einstellung zur Renndistanz. Die Konkurrenz geht über eine durchschnittliche Länge von 5200 Kilometern. Das Ziel ist dort, wo das Transparent hängt, auf dem groß „Finish" steht. So weit so gut. Doch zehn Meilen davor gibt es den so genannten Penalty Point, bei dem eventuelle Zeitstrafen abgesessen werden müssen und bei dem das definitive Ranking geschrieben wird. Danach geht es nur mehr in der Parade zum „Finish". Jedes Mal, wenn ich nun beim RAAM antrete, konzentriere ich mich auf den berühmten Penalty Point und nicht auf das Ziel. Immer dann, wenn ich meine Mannschaft frage, wie viel denn noch fehlt, ziehe ich automatisch 16 Kilometer ab – auf diesen passiert ja nichts mehr! Mein Spannungsbogen der Konzentration hält also vom Start bis zehn Meilen vor dem Ziel. Und die letzten Kilometer haben sich noch jedes Mal als die reinste Tortur erwiesen, weil ich meinem Unterbewusstsein suggerierte, dass diese ja überflüssig und sinnlos seien. Das Rennen ist gelaufen, Deine Platzierung steht.

Erinnern Sie sich an den 16. Juli 2005, 18:36 Uhr. Georg Totschnig erfüllt sich einen Lebenstraum, gewinnt eine Etappe der Tour de France, und zwar jene nach Ax-3 Domaines. Er siegt im Stile eines Souveräns, immer nach vorne blickend, höchst selten zurück. Starke Leute interessiert nicht, was sich hinter ihrem Rücken abspielt, zu sehr sind sie mit den kommenden Aufgaben beschäftigt. Schwache sehen es anders und denken: „Zufall, dass ich hier in Führung liege." „Ich schaffe es doch nicht bis ins Ziel", und blicken immer und immer wieder zurück – bis sie eingeholt werden.

Klar ist: das Beobachten von Konkurrenten ist wichtig. Noch wichtiger ist aber die Konzentration auf sich selbst! Wenn sich ein Unternehmen nur mit der Konkurrenz beschäftigt und seine Hausaufgaben nicht macht, wird es letztlich scheitern (oder zumindest nicht wachsen). Wenn sich ein Sportler quasi zum Zuschauer seines Gegners macht, wird er selbst keine Leistung mehr bringen.

Bedenken Sie, dass es auf der Welt nie mehr Energie gibt als die eben vorhandene – nur verteilt sie sich ständig anders. Der Fluss der Energie ist somit zu vergleichen mit dem Kreislauf des Wassers. Es ist immer gleich viel da, wenn auch zu verschiedenen Zeitpunkten in anderen Formen, als Nebel, Wolken, Regen, Süß- und Meerwasser, Grund-, Trink- und Klärwasser und so weiter.

→ **Motivation ist der Motor** auf dem Weg zum Ziel, **Konzentration ist der Turbo**.

Konzentration auf sich selbst und auf das eigene Tun ist das Um und Auf für eine gute Leistung. Dies impliziert, dass der Fokus in eine einzige Richtung gehen muss und nicht auf mehrere Aufgaben, so banal sie auch sein mögen, verteilt werden darf.

Denken Sie an die Shaolin-Mönche, die dank besonderer Fitness und ausgestattet mit einer enormen Konzentrationsfähigkeit Dinge vollbringen, die der Durchschnittsbürger nicht einmal zu denken wagt. Ihr Schädel hält nicht nur den Schlag einer Eisenstange aus, sondern verbiegt diese auch noch. Der Shaolin ist ganz auf den Schlag fokussiert. Er verzichtet auf negative Gedanken, weiß nicht, wo sich das nächste Spital befindet, Körper und Geist sind eins. Er denkt an nichts anderes, der „Flow" ist total.

Sicher passiert es Ihnen zuweilen, dass Sie telefonieren und gleichzeitig etwas anderes machen, E-Mails schreiben oder abrufen, oder bügeln. Wer mehrere Dinge gleichzeitig macht, macht diese nicht wirklich gut. Es unterlaufen im Telefonat, in der E-Mail-Korrespondenz oder beim Bügeln Fehler und Falten. Zudem ist es ausgesprochen unhöflich.

Der Gesetzgeber wird sich auch etwas dabei gedacht haben, als er das Telefonieren am Steuer verbot. Doch was sieht man auf den Autobahnen? Massenweise Personen, die rasen und telefonieren. Noch gefährlicher wird es, wenn man noch Telefonnummern heraussuchen muss oder eine SMS schreiben will. Und vielleicht haben diese Fahrer dann, nur so zum krönenden Abschluss, auch noch eine Coladose in der Hand. Die Mahnung auf Plakaten „... und wer fährt?" hätte treffender nicht sein können.

Wie oft sieht man entweder bei Spielfilmen Bilder oder erlebt es tagtäglich in den eigenen vier Wänden, dass der Partner beim Frühstücken hinter der Zeitung verschwindet, sich ganz dem Kaffee und dem Gedruckten widmet – die Beziehung wird auf kurz oder lang darunter leiden.

Konzentration ist in unserer heutigen Welt keine Option, sondern ein Muss. Wer nicht konzentriert ist, ist unhöflich, bringt andere in Gefahr – und wenn weder das eine noch das andere, dann bringt zumindest er sich selbst sicher nicht weiter. Alles, was gemacht wird, muss hoch konzentriert gemacht werden.

→ **Machen Sie weniger, das dafür aber gut!**
Steigen Sie zuweilen bewusst auf die Bremse Ihres Lebens, „entschleunigen" Sie!

Konzentration bringt Ihnen eine ganze Reihe an Vorteilen. Sie befinden sich immer im Hier und Jetzt, haben den Fokus ganz auf die Gegenwart ausgerichtet. Dank hoher Konzentration schalten Sie Angst, Unruhe und Nervosität aus, gewinnen Gelassenheit – weil nichts Sie ablenken kann. Verlieren Sie Konzentration, ändert sich der Fokus: nicht mehr Sie selbst, sondern der andere, die Umgebung ist wichtig – und Sie verlieren an Kraft.

Wenn Aktivitäten mit hoher Intensität ausgeführt werden, werden Sie müde, körperlich wie geistig. Der Sport kennt das Prinzip der Superkompensation. Einer Belastung folgt eine Störung des biologischen Gleichgewichts; danach erfolgt die Regeneration mit einer Anpassung an ein höheres Leistungsniveau. Folglich steht am Ende ein erhöhter Funktionszustand.

Wie geht es Ihrem Körper, wenn er aus einer Phase der Erholung, sprich, aus dem Urlaub kommt? Er sollte voller Tatkraft sein, mit Energie beladen, komplett erholt. Wer aus den Ferien zurückkehrt und jammert, dass er jetzt eigentlich Urlaub vom Urlaub brauche, der hat etwas falsch gemacht. Wer wieder seinen Arbeitsplatz einnimmt und das Gefühl hat, nie weg gewesen zu sein, hat nicht richtig abschalten können.

Auch im täglichen Arbeitsleben ist es wichtig, Pausen zu machen. In den Schulen dauern die Stunden 45 oder 50 Minuten, mit jeder Materie wird der Schüler also maximal 90 bis 100 Minuten konfrontiert. Dann lässt seine Aufmerksamkeit nach, und der Pädagoge muss ihm Abwechslung bieten. Wenn Sie eine Besprechung nach der anderen haben, ist es unbedingt notwendig, dass Sie zwischen den einzelnen Meetings oder während eines solchen in der Kaffeepause komplett loslassen können. Auch wenn Sie sich räumlich nicht entfernen können: vermeiden Sie es, während der Kaffeepause weiter über Themen der Besprechung zu diskutieren. Lassen Sie Ihre Gedanken schweifen, widmen Sie sich der Kultur- oder Sportseite der Zeitung (und nicht dem Wirtschaftsteil!). Wenn Sie die Gelegenheit haben, sich in Ihr Büro zurückzuziehen, dann tun Sie es, schließen Sie die Augen und lassen Sie sich treiben, hinein in Ihr Ruhebild, raus aus dem Stress, dem Druck, den Argumenten des Moments. Kontrollieren Sie Ihre Atmung und achten Sie darauf, dass Sie Energie gewinnen und nicht verlieren. Ehe Sie wieder zurück zum Meeting kehren, analysieren Sie das Vorgefallene, verinnerlichen Ihre weitere Vorgangsweise und fokussieren Ihre Konzentration.

→ **Ihr richtiges Pausenverhalten:**

1. Entspannung und Erholung
2. Fehleranalyse
3. Verinnerlichung
4. Einstimmung auf die neue Handlung

Den Spannungsbogen, den ich bei meinen RAAM-Teilnahmen erlebe, sollten auch Sie nicht unterschätzen. Bleiben Sie konzentriert bis zum Ende. Auch in den Schlussminuten eines Meetings können sich noch überraschende Wendungen ergeben, die Ihre volle Konzentration in Anspruch nehmen. Da können Sie auch nicht sagen: nun ja, das Wichtigste haben wir behandelt, recht viel wird nicht mehr passieren. Und eine Fußballmannschaft, die sich nach einer 3:0-Führung zur Halbzeit schon als sicherer Sieger wähnt, kann noch verlieren. Nein, nicht in einer unteren Spielklasse, sondern im Finale der Champions League. 2005 schlug der FC Liverpool den AC Milan nach 0:3-Rückstand im Elfmeterschießen.

Übung 1

Üben Sie Konzentration!

→ Zünden Sie sich eine Kerze an und blicken Sie in die brennende Flamme. Lassen Sie sich nicht von anderen Einwirkungen ablenken, denken Sie auch an nichts anderes als an dieses Licht. Fokussieren Sie dermaßen, dass sich alles nur um die Flamme dreht.

→ Nun schließen Sie die Augen und lassen die Kerze vor Ihrem geistigen Auge weiter brennen. Geben Sie anderen Gedanken keine Chance, seien Sie voll und ganz auf die Kerze ausgerichtet! Setzen Sie sich mit dem Konzept des geistigen Auges auseinander: es befindet sich zwischen Ihren beiden, wenn man so sagen kann, biologischen Augen, ihr geistiges Auge ist die bildliche Widergabe Ihrer Gedanken.

Übung 2

Der Pendelversuch

→ Nehmen Sie ein Pendel zur Hand, oder ziehen Sie einfach einen rund 20 Zentimeter langen Faden durch einen Ring. Halten Sie nun das Ende des Fadens zwischen Daumen und Zeigefinger, setzen Sie den Ellbogen auf und halten Sie das Pendel am Schnittpunkt der beiden Linien in der Mitte des Kreises. Es wird Ihnen gelingen, das Pendel relativ ruhig in der Luft zu halten. Nun konzentrieren sie sich intensiv auf das Ende des Pendels, schalten Sie alle anderen Gedanken aus und nehmen Sie sich vor, das Pendel soll von links nach rechts, dann von vorne nach hinten und anschließend im Kreis schwingen. Und Sie werden sehen: das Pendel folgt Ihren Gedanken! Je lebhafter Sie sich die Schwingungen vorstellen, umso lebhafter werden diese auch sein.

→ Es ist nicht der Fall, dass Sie der Richtung des Pendels bewusst nachhelfen. Vielmehr ist der Pendelversuch ein Beweis, dass es durch große Konzentration und gedanklicher Vorstellungskraft zu körperlichen Reaktionen kommt. Das dazugehörende ideomotorische Gesetz wurde bereits 1874 vom britischen Arzt W. Carpenter formuliert: Die Vorstellung einer Bewegung löst diese bereits in verkleinertem Maßstab aus. Ideomotorische Aktionen sind Handlungen und Bewegungen, die durch die Vorstellungskraft des Geistes ausgelöst werden.

Übung 3

Gewinnen Sie Energie!

→ Setzen Sie sich an einem Platz, an dem Sie sich wohl fühlen. Legen Sie Ihre Hände mit den Handflächen nach oben in Ihren Schoß. Schließen Sie Ihre Augen und rufen Sie Ihr Ruhebild auf. Nun entspannen Sie sich. Sie spüren, wie Ihre Energie fließt und wie Ihr Körper neue Energie aufnimmt. Ballen Sie nach einigen Minuten als sichtbares Zeichen die Faust: die aufgenommene Energie ist jetzt mein, bleibt bei mir!

Übung 4

→ Legen Sie sich in Ihrem Berufsleben für jede Verhandlung, für jedes Gespräch ein inhaltliches Konzept zurecht. Damit Sie gerade die inhaltlich wichtigsten Punkte richtig zu thematisieren und zu kommunizieren imstande sind, sollten Sie für diese Inhalte in geeigneter Reihenfolge Schlagworte finden und sich diese einprägen. In weiterer Folge ersetzen Sie diese Worte mit Kürzeln, jetzt können Sie mit einem roten Faden in die Konferenz gehen. Sollten ablenkende Faktoren oder unvorhergesehene Situationen eintreten, können Sie anhand Ihrer Kürzel leichter zu den Hauptanliegen zurück finden.

Notizen

11

Der Unterschied zwischen erfolgreich und nicht erfolgreich

Regen, Durchfall, Brechreiz: Ruhpolding 2004

Ich habe drei Mal das Race Across America gewonnen, fast alle anderen wichtigen Langstreckenrennen, ich stand auf dem Gipfel des Mt. Everest, was mir die wenigsten zutrauten. Und dennoch: glauben Sie nicht, dass meine Karriere nur aus Siegen bestand und besteht. Ich hatte viele schwierige Momente zu meistern, einer, der mir am meisten wehtat, fand abseits der großen Bühnen statt.

Es war das 24-Stunden-Rennen von Ruhpolding, und es war ein regnerischer Tag. Zwar lag ich in Führung, souverän noch dazu. Wer mich sah, musste aber denken, dass ich der Letzte war: ich kotzte, ich litt unter Durchfall, fühlte mich nicht nur krank, sondern tot. Ich konnte nicht mehr, ich wollte auch nicht mehr. Zuerst machte es im Kopf klick, dann ließ es auch der Körper gut sein. Ich stieg vom Rad und tat das, was ich in meiner ganzen Karriere keine fünf Mal tat: ich gab auf. Auf der Heimfahrt von Bayern nach Oberösterreich ging es mir schon ein wenig besser, in der Nacht schlief ich gut, am nächsten Morgen – zu einem Zeitpunkt, als die Konkurrenz in Ruhpolding noch nicht beendet war – ging ich trainieren. Und ich fragte mich: ‚Was hast du jetzt eigentlich? Bist du jetzt nicht ganz erholt? War es notwendig, aufzugeben, oder hätten 60, 90 Minuten Pause gereicht? Vielleicht hätte es trotz dieser langen Pause noch zum Sieg für mich gereicht?' Und? Ja, ich ärgerte mich. Ich war ein Verlierer.

Es sind die kritischen Situationen, die Sieger und Verlierer trennen. Denn die einen geben in diesen nicht so schnell auf wie die anderen. Sie alle haben diese Erfahrungen gemacht, im Beruf, im Sport, im Privatleben. Wenn es anfängt weh zu tun, hat man die Wahl: sich in die Aufgabe zu verbeißen und diese lösen zu wollen, oder aber vor dem Hindernis einen Haken zu schlagen und im Geiste zu sagen: „Nein, danke." (Oder: „Ich bin ja nicht blöd".) Wenn es schlecht geht, oder es den Anschein hat, schlecht zu gehen, ist das Aus- oder Umsteigen immer am leichtesten. Der Sieger sagt sich: „Aufgegeben wird nicht. Ich bringe diese Schwierigkeit hinter mich, danach kann ich immer noch entscheiden, ob es sich ausgezahlt hat oder nicht." Viele Beziehungen gehen in die Brüche, weil die Partner bei der ersten Schwierigkeit getrennte Wege gehen. Viele Sportlerkarrieren blieben in den Kinderschuhen stecken, weil der letzte Wille, sich für ein Ziel zu quälen, fehlt. Und wenn Sie in Ihrem Unternehmen, sei es als Angestellter oder Firmenchef, vorankommen wollen, dann müssen Sie sich so oder so den entstehenden Herausforderungen stellen.

Der Unterschied zwischen Siegern und Verlierern besteht nicht darin, dass Sieger nie verlieren und Verlierer nie siegen. Er besteht darin, dass Erfolgreiche über ihre Verluste schneller hinwegkommen. Er besteht darin, dass Erfolgreiche schneller und öfter wieder aufstehen als die weniger Erfolgreichen.

Verlierer zweifeln und verzweifeln. Sie kapitulieren aus den verschiedensten Gründen. Sie sagen:

Dass es nicht geht.
Dass es nicht zu schaffen ist.
Dass man es bisher immer so und so gemacht hat.
Dass er/sie sich geirrt hat.
Dass es nicht dafürsteht.
Dass alles umsonst ist.
Dass er/sie verzweifeln werden.
Dass man sich dem Urteil der Öffentlichkeit aussetzt.
Dass man sich maßlos blamieren wird.

Finden Sie sich in der einen oder anderen Aussage wieder? Was sagt der Sieger?

Dass es geht, selbstverständlich.
Dass es zu schaffen ist.
Dass man neue Wege erproben soll.
Dass er/sie sich nicht irren kann.
Dass das Ziel erstrebenswert ist.
Dass nichts umsonst ist.
Dass Selbstzweifel unangebracht sind.
Dass die Öffentlichkeit begeistert sein wird.
Dass man es so lange macht, bis es gelingt.

In dieser Denkweise ist der Verlierer passiv-schicksalhaft, der Sieger aktiv-positiv und zielgerichtet. Doch kein Meister ist je vom Himmel gefallen: Sieger werden nicht geboren, sie schaffen sich den Erfolg selbst, erarbeiten ihn mit dem Erreichen der Ziele. Denken auch Sie aktiv! Seien Sie kein „Ja, aber"-Sager!

→ **Auch der Sieger braucht Niederlagen.**
Denn: Niederlagen werden analysiert,
Siege werden gefeiert.

„Sei mit dir nie zufrieden, außer etwa episodisch, so dass deine Zufriedenheit nur dazu dient, dich zu neuer Unzufriedenheit zu stärken." Dieser Satz von Dichter und Übersetzer Christian Morgenstern beinhaltet eine der Wahrheiten des Erfolgs: Siege gehören gefeiert, man muss mit dem Geleisteten zufrieden sein – jedoch nur vorübergehend! Letztlich ist der Erfolg auch dazu da, nach noch Höherem zu streben – also wieder unzufrieden zu sein. Dies ist das Geheimnis eines dauerhaften Höhenflugs von Unternehmen, die Jahr für Jahr immer höhere Gewinne erzielen oder Jahr für Jahr Titel und Pokale erringen (auch Bayern München ist ein wirtschaftlich orientiertes Unternehmen!). Prinzipiell gilt es für jeden von uns: wer in seinem Leben glücklich sein will, muss sich Tag für Tag darum bemühen.

Es ist dies eine Forderung nach dem ständigen Tun! Zwischen Denken und Tun ist nämlich ein Unterschied wie zwischen

Tag und Nacht,
reich und arm,
gesund und krank,
glücklich und unglücklich.

Verlierer denken in den bekannten und klischeehaften „hätti wari tati kannti". Verlierer denken daran, Dinge zu tun, wenn

sie einmal groß sind,
sie einmal aus der Schule sind,
sie einmal gut verdienen,
sie einmal Kinder haben,
sie einmal mehr Geld haben,
sie einmal die Kinder aus dem Haus haben,
sie einmal in Pension sind,
sie einmal – tot sind …

Sieger denken an Ihre Ziele und schreiten zur Tat. Vielleicht machen sie nur gewöhnliche Dinge, aber sie machen sie, und sie machen diese ungewöhnlich gut!

Wollen Sie nicht nur das, was Sie können!
Können Sie das, was Sie wollen!

→ **DU SCHAFFST, WAS DU WILLST!**

Übung 1

Schließen Sie Ihre Augen und denken Sie an ein Ereignis der letzten Tage oder Wochen. Visualisieren Sie deutlich für sich selbst, wie es abgelaufen ist, was für ein Tag es war, wo die anderen Teilnehmer gesessen oder gestanden haben, welcher Grund die Besprechung oder das Treffen hatte und wie es verlief.

→ Denken Sie an Ihre guten und an Ihre schwachen Momente bei dieser Gelegenheit und schreiben Sie Ihr Resümee hier nieder.

	Positiv war	Negativ war
1		
2		
3		
4		
5		

Notizen

12

Veränderungen und Visionen

Maler gestern, Sportler heute, und was morgen?

Alle von uns tragen Visionen und Veränderungen mit sich, setzen sie aber nicht immer in die Tat um. Visionen sind für mich die Vorstufen zu Zielen, doch auch ich habe gelernt, diese nicht gleich in alle Welt hinauszuposaunen. Es gibt zu viele, die mir davon abraten ...

Wenn von großen Visionären die Rede ist, dann trifft dies auf die wenigsten von uns zu. Doch jeder von uns hat Visionen und Ziele, geht durch Veränderungen, die seinem Leben eine andere Richtung geben. So auch bei mir. Ich absolvierte eine Maler- und Anstreicherlehre sowie eine

Einzelhandelskaufmann-Lehre, war vier Jahre lang beim Militär, war als Unternehmer im Lebensmittelhandel tätig. Als Sportler suchte und suche ich mir immer wieder neue Ziele – das RAAM alljährlich zu fahren, wie es Rob Kish (USA) tut, ist wahrlich nicht mein Ding. Vielmehr interessierte mich das Race Across the Alps (RATA), das XXAlps, die Crocodile Trophy in Australien oder 2005 Le Tour direct, ein Nonstoprennen quer durch Frankreich auf den Spuren der Tour de France, das ich auf Platz zwei beendete. Ich hatte die Vision, den Mt. Everest zu besteigen, machte dies zu meinem Ziel, realisierte es auch.

Heute stelle ich mir die Fragen: Was sind meine langfristigen Ziele? Wo möchte ich in zehn oder 15 Jahren stehen? Ganz klar kann ich an dieser Stelle keine Antwort geben. Ich baue mir ein zweites Standbein auf, ich will das, was ich gelernt und erfahren habe, an andere weitergeben.

Veränderungen sind wichtig, Veränderungen prägen unser ganzes Leben. Sie ermöglichen individuelle Entwicklung. Sie sind etwas Neues, deswegen unbedingt vorbehaltlos zu werten. Eingefahrene Pfade zu verlassen bedeutet andere, bessere Möglichkeiten im Tun zu proben oder zu finden.

Doch entweder sind Sie innovativ und fast andauernd mit den Sätzen konfrontiert, dass man es bis dato immer so gemacht habe, dass es diese und jene und noch andere Argumente gebe, weshalb es nicht funktionieren könne, und dass überhaupt eh nichts Besseres nachkomme. Oder Sie sind es selbst, der Veränderungen im Keim ersticken will.

Denken Sie an Ihren Alltag, an Ihre privaten Beziehungen und beruflichen Problematiken. Vielleicht macht Ihnen die Arbeit keine Freude, weil Sie zuwenig verdienen, einen Chef haben, der Ihren Einsatz nicht zu würdigen weiß, Kollegen, die Sie mobben? Immer wieder sagen Sie sich, dass Sie jetzt unbedingt einmal mit einem Vorgesetzten sprechen müssen, das werden Sie tun, gleich morgen. Morgen tun Sie es dann doch nicht, weil es Ihnen ja doch nicht so schlecht geht in diesem Laden und weil Sie vielleicht gefeuert würden. Sie ziehen Ihr Anliegen zurück und bleiben weiterhin unzufrieden (und damit auch eine Belastung für Ihre Umwelt).

Von Bob Dylan ist das Zitat überliefert: „Nichts ist so beständig wie Veränderungen." Veränderungen müssen nicht immer im großen Stil ablaufen. Nicht immer müssen Sie sich scheiden lassen, Beruf wechseln oder auswandern. Zuweilen reicht ein Gespräch mit dem Ressortleiter, in dem auch dem Vorgesetzten klar wird, dass er eine Arbeitskraft an der falschen Stelle beschäftigt. Zuweilen reicht es, wenn der Fußballer seinen Trainer um die Chance ersucht, sein Können im Mittelfeld zu beweisen, wo er doch stärker sei als in der Abwehr. Und sollten Sie den Arbeitsplatz verlieren: dann ist es eine Veränderung und gleichzeitig eine große Chance. Es liegt in Ihrer mentalen Herangehensweise an die neue Situation, ob Sie diese als bedrohlich oder als freundlich werten.

→ **Wenn Sie bereit sind, Veränderungen als Chancen in Ihrem Leben anzusehen**, sind Sie auch bereit, die Komfortzone in Ihrem Leben zu verlassen!

Die Komfortzone ist jener Bereich, in dem Sie sich wohl fühlen, in dem nichts Unerwartetes oder großartig Negatives auf sie hereinbrechen wird. Es ist Ihre Festung: Zugbrücke hinauf, Rollo hinunter. Sie ist aber auch jener Bereich in Ihrem Leben, in dem Sie sich nicht weiterentwickeln werden. In der Komfortzone kennen Sie alles und jeden. Zu guter Letzt wird die Komfortzone zur Todeszone. Stellen Sie sich vor, die ganze Welt wäre eine Komfortzone: es gäbe keinen Fortschritt, keine Entdeckungen, keine Visionen und Ziele. Die Welt würde stehen bleiben, die Wirtschaft stagnieren. Stillstand, das wissen wir, ist Rückschritt.

Immer noch leben viel zu viele Menschen nur in der Komfortzone, gehen unter in der Masse, haben sich selbst – bewusst oder unbewusst - zum Ziel gesetzt, nicht aufzufallen. Wenn es heißt, dass der Mensch ein Herdentier ist, dann, ja, stimmt das!

Wer sich weiterentwickeln will, muss raus aus der Festung, muss raus aus seiner Komfortzone. Die nächste Zone ist die Stretchzone, ein Bereich, in dem man sich zwar nicht mehr so ganz wohl, aber auch nicht unwohl fühlt. In diesem Bereich führen Sie Veränderungen und Verbesserungen in Ihrem Leben herbei: weil Sie erkennen, was außerhalb der Burgmauern abgeht, weil Sie mit neuen Ideen konfrontiert werden, weil Sie selbst das Bedürfnis haben, sich zu verändern und zu wachsen.

Von der Stretchzone ist es immer noch ein weiter Schritt bis zur Vision. Doch wie sagt schon unser steirischer Terminator: „A Vision musst hab'n". Georg Totschnig hatte sich indes bei der Tour de France 2005 als 34-Jähriger seine Vision erfüllt. „Von diesem Tag habe ich ein Leben lang geträumt", sagte der Tiroler nach seinem Etappensieg.

→ **Eine Vision ist ein in langfristiger oder unbestimmter Zukunft vorstellbarer Zustand.** Geduld, Langfristigkeit, dauerhafter Glaube führen zu diesem Zustand.

Mag man es Vision nennen oder Leitbild, Mission oder Unternehmensstrategie. Diese Wörter haben zwar mit Ihren Zielen zu tun, heben diese jedoch auf eine andere Ebene. Warum wollen Sie Arzt werden? Auch, um anderen Gutes zu tun. Warum streben Sie Umsatzsteigerungen in Ihrem Unternehmen an? Auch, um Arbeitsplätze zu schaffen. Warum wollen Sie Olympiasieger werden? Auch, um ein Vorbild für die Jugend zu sein.

Übung 1

→ Lesen Sie jeweils eine Zeile. Schließen Sie dann die Augen, prägen Sie sich diesen Satz ein, lesen Sie dann weiter.

- Achten Sie auf Ihre Freiheit im Geiste!

- Seien Sie verantwortungsbewusst!

- Sehen Sie sich als Teil eines großen Ganzen!

- Sehen Sie sich als Teil des Universums!

- Seien Sie ehrlich zu sich selbst!

- Glauben Sie an sich selbst!

- Sagen Sie Ja zu Ihren Visionen!

Übung 2

→ Nehmen Sie sich 15 Minuten Zeit. Überlegen Sie, was Visionen für Sie bedeuten und welchen Leitmotiven, Missionen, Strategien Sie nachhängen. Schreiben Sie diese hier nieder!

Notizen

Wolfgang Fasching
wurde am 11. August 1967 in Bad Radkersburg geboren und wohnt mit seiner Frau Doris in Neukirchen bei Lambach in Oberösterreich. Nachdem er als 18-Jähriger mit dem Radsport begonnen hatte, konzentrierte sich Fasching auf Langstreckenrennen, nahm siebenmal am Race Across America (RAAM) teil, das er 1997, 2000 und 2002 für sich entscheiden konnte. 2005 gewann er den Raid Provence Extreme, der gleichzeitig erstmals offizielle Langstrecken-Europameisterschaft der Radsportler war, 2003 das XXAlps und stellte 1999 bei „Quer durch Australien" einen neuen Weltrekord auf. 2001 bestieg der gebürtige Steirer als 13. Österreicher den Mount Everest.
Fasching ist mehrfacher Buchautor, gefragter Vortragender und Seminarleiter zum Thema „Mentale Stärke" für namhafte Institutionen und Firmen. Hubschrauber-Fliegen zählt zu seinen bevorzugten Hobbys.

www.fasching.co.at

Egon Theiner
wurde am 13. Februar 1968 in Bozen geboren und arbeitete als Redakteur bei der Sonntagszeitung „Zett" (Verlagsgruppe Athesia) in seiner Heimatstadt und bei den „Salzburger Nachrichten". Theiner verfasste und betreute insgesamt 16 Bücher im Sport- und Selbstmanagement-Sektor; 2004 gründete er den egoth-Verlag.

www.egoth.at

Literaturverzeichnis

Joseph Murphy, Die Macht des Unterbewusstseins, Ariston Verlag, 1967

Thomas Wörz/Egon Theiner, Erfolg durch Selbstmanagement, Vandenhoeck & Ruprecht, 1999

Napoleon Hill, Denke nach und werde reich, Heinrich Hugendubel Verlag, 2000

Wolfgang Fasching, Leben am Limit, Verlag Styria, 2001

Franz Steinberger, Wolfgang Fasching, Meditations-CD, 2001

Richard F. Erstermann, Spitze im Sport – Spitze im Beruf, verlag moderne industrie, 2002

Andreas Sachs/Erich Schönleitner/Helmut A. Gansterer, Punch & Power, ECHO Verlag, 2003

Kay Porter, The mental athlete, Human Kinetics, 2003

Wolfgang Fasching, Du schaffst, was Du willst, Eigenverlag, 2003

Henk Diepbrink, Create your life, egoth, 2005

Der Erfolgsfaktor Kopf wird ein ständiger Begleiter sein. Sie haben dieses Buch durchgelesen und auch durchgearbeitet, wohl auch einiges an Neuem gelernt. Doch positives Denken, Selbstvertrauen, Motivation, Visionen und Ziele sind nichts, wenn sie nicht in die Tat umgesetzt werden. Dazu wünsche ich Ihnen Kraft, Kondition und Durchhaltevermögen!

Visualisieren Sie Ihre Wünsche und Träume! Und beginnen Sie, diese umzusetzen. Sagen Sie laut zu sich selbst, während Sie das Buch schließen: JETZT!